AI 윤리와 초등 도덕 교육

AI문고

인공지능 시대입니다. 기계가 인간의 인지를 대신하고, 사물이 인간을 통하지 않고 다른 사물과 직접 커뮤니케이션합니다. 이에 따른 인간 삶과 문명 변화를 정확히 이해 · 예측 · 대응하는 것은 이 시대 우리 모두의 과제입니다. AI문고는 인공지능 기술과 환경의 여러 주제를 10가지 키워드로 정리합니다. 관련 개념과 이론, 학계와 산업계의 쟁점, 우리 일상의 변화를 다룹니다. 인간과 기술의 현재, 미래를 세심히 분석합니다.

일러두기

- 인명, 작품명, 저서명, 개념어 등은 한글과 함께 괄호 안에 해당 국가의 원어를 병기했습니다.
- 외래어 표기는 현행 어문규정의 외래어표기법을 따랐습니다.
- 3장과 9장은 《초등도덕교육》 제87집에 게재된 "초등 도덕과에서의 인공지능윤리교육 방안 연구: 인공적 도덕 행위자(AMA) 논의를 중심으로"의 일부를 수정·보완하여 작성하였습니다.
- 4장과 5장은 《초등교육연구》 제37집 4호에 게재된 "인공지능 동작 원리에 기초한 초등 도덕과 인공지능 윤리교육 방안 연구: 데이터 편향성 문제를 중심으로"의 일부를 수정·보완하여 작성하였습니다.

처음이세요?

전문가세요?

지금, 큐알 찍으면

- AI 입문서 바로 선물
- 당신만의 필독서 추천
- 500권 요약본 공짜
- 오디오북 무료 사용

AI 윤리와 초등 도덕 교육

권누리

대한민국, 서울, 커뮤니케이션북스, 2026

AI 윤리와 초등 도덕 교육

지은이 권누리
펴낸이 박영률

초판 1쇄 펴낸날 2026년 1월 16일

커뮤니케이션북스(주)
출판 등록 2007년 8월 17일 제313-2007-000166호
02880 서울시 성북구 성북로 5-11
전화(02) 7474 001, 팩스(02) 736 5047
commbooks@commbooks.com
www.commbooks.com

ISBN 979-11-430-1720-8 03500

책값은 뒤표지에 표시되어 있습니다.

차례

AI 시대의 문을 여는 아이들

라이트 형제는 새가 나는 모습을 관찰하며 비행기를 만들었지만, 오늘날의 비행기는 새의 움직임과는 전혀 다른 방식으로 하늘을 가른다. 마찬가지로 인간이 인간과 닮은 AI를 개발하는 데 힘쓰면서도 동시에 두려움을 느끼는 이유는 AI가 인간의 모습을 닮았기 때문이 아니라, 예측하거나 통제할 수 없는 전혀 다른 존재로 발전할 가능성이 있기 때문일 것이다(권누리, 2024). 문명사적 관점에서 볼 때, AI 기술의 등장은 이전의 그 어떤 기술 혁신보다도 더 크고 광범위하게 인류 사회 전체에 변화를 일으키고 있다. 특히 인공지능은 인간의 정신 작용을 모방하는 기계라는 점에서, 우리가 AI를 설계하고 관찰하는 과정은 곧 인간 정신의 본질을 되묻는 탐구가 되기도 한다. 예컨대 인간의 내면적 고뇌는 어떤 심리 작용에서 비롯되는지, 도덕성은 어떤 발달 과정을 통해 형성되는지, 창의력은 어떤 인지적 과정을 통해 나타나는지를 AI를 통해 역으로 질문해 보게 되는 것이다.

이처럼 AI 기술은 순환적(feedback)이면서도 자기 성찰적인 성격을 지니며, 인간을 더 깊이 이해하기 위한 새로운 탐색의 도구가 될 수 있다. 인간이 만든 기술이 다시 인간 자신을 비추고, 존재 방식에 대한 질문을 던지게 한다는 AI 기술의 이러한 특성은 일찍이 인류가 겪어보지 못했던 새로움이다.

최근의 AI 기술은 인간의 판단과 언어를 학습하고, 창작을 수행하며, 심지어 자율적으로 행동하는 수준에 이르렀다. 이처럼 AI는 인간 삶의 가장 섬세한 영역까지 깊숙이 침투하고 있으며, 그 결과 부의 양극화, 인간 소외, 정보 조작, 딥페이크, 그리고 전례 없는 사적 감시의 강화와 같은 복합적인 윤리 문제를 야기하고 있다(김진형, 2020). 유발 하라리(Yuval Harari)는 챗지피티(ChatGpt)와 같은 생성형 인공지능을 생물 진화의 첫 단계인 '아메바'에 비유하며 이제 디지털 지능체의 무한한 진화가 시작될 것임을 경고하였다. 이러한 기술들이 앞으로 얼마나 빠르게, 또 어떤 방향으로 진화할지는 누구도 예측할 수 없다는 것이다. 특히 하라리는 "오늘의 AI는 아메바이고, 내일은 티라노사우루스 렉스(Tyrannosaurus rex), 즉 티렉스가 될 수도 있다"(Canadian Friends of Hebrew University, 2023)고 말하며, AI가 아직은 통제 가능해 보일지라도 향후에는 매우 강력하고 위협적인 존재로 변할 가능성이 있다는 점을 경고했다. 이러한 맥락에서 기술 발전이 초래할 사회 변화는 기술 전문가만의 문제가 아니며, 우리 모두가 직면하게 될 공동의 과제로 다가오고 있다. 따라서 AI 시대를 살아가는 시민은 전문가 수준의 지식은 아니더라도, 기술의 윤리적 함의에 대한 감각과 성찰 능력을 갖출 수 있어야 할 것이다(맹성현, 2024).

지금 인류는 거대한 변화의 물결 위에 서 있다. 과거 증기기관의 발명이 인간 노동의 방식을, 컴퓨터와 통신의 발명이 정보 생산의 방식을 바꾸었다고 하면, AI 기술은 인간의 존재와 역할의 근본적 변화를 요구하고 있다. 이에 직면한 인류는 AI가 열어갈 미래를 기대와 우려가 공존하는 시선으로 바라보고 있다. 이러한 변화의 중심에서 성장하고 있는 세대가 바로 오늘날의 아이들이다. 이들은 AI 기술이 일상에 깊숙이 스며든 환경 속에서 학습하고 소통하며, 인간과 기술의 경계를 자연스럽게 체험하는 이례적인 세대다. 따라서 AI 시대의 주역이 될 이들이 어떤 가치관과 윤리적 태도를 형성하느냐는, 기술 발전이 이끌어갈 사회의 방향을 가늠하는 중요한 기준이 될 것이다.

왜 지금, AI 윤리 교육이 필요한가

AI 기술의 중요한 특징은 지속적인 자기 발전을 통해 빠르게 진화하고 있다는 점이다. 현재 우리가 사용하는 대부분의 AI(ChatGPT, AlphaGo, Siri 등)는 특정 목적에 특화된 '약한 인공지능(Weak AI)' 형태로 구현되었고 인간의 명령에 따라 주어진 기능을 수행하는 도구의 역할을 수행한다. 반면 '강한 인공지능'은 범용 인공지능(AGI, Artificial General Intelligence)이라고도 불리며, 다양한 문제 상황에 대응하는 범용적 능력과 독립적 의사 결정을 가능하게 하는 자율성이라는 두 가지 개념을 포함하는 AI를 의미한다(김진형, 2020). 즉 '약한 인공지능'이 도구로서의 AI라고 한다면 '강한 인공지능' 은 스스로 존재하는(자율적 인식과 판단 능력을 지닌) 지적 주체로서의 AI를 의미한다.

이러한 존재가 현실화된다면 우리는 AI의 기술적 효율성이나 편의성을 논의하는 수준을 넘어, 인간과 유사한 존재에게 '권리'를 부여할 수 있는가, 또는 그 결정과 행동에 대해 '책임'을 어떻게 물을 것인가와 같은 근본적인 질문에 직면하게 될 것이다. 이는 전통적인 법 · 윤리 체계가 전제해 온 인간중심의 책임 구조에 커다란 도전을 제기하며, 도덕적 행위자로서 AGI를 어떻게 이해하고 다룰 것인지에 대한 새로운 기준과 틀을 요구한다.

한편 AI 기술이 비약적인 속도로 발전하고 있지만, 이에 상응하는 사회적 · 제도적 대응은 여전히 미비한 실정이다. 현재의 법과 제도는 주로 과거 기술을 전제로 설계된 것이기에, 생성형 AI와 같은 새로운 기술의 특성과 위험성을 포괄하기에는 구조적 한계를 지니고 있기 때문이다(Hopster & Maas, 2024). 또한 AI 기술은 비교적 파급력이 크고 즉각적으로 효용을 제공하기 때문에 충분한 윤리적 숙고 과정 없이 사회에 수용되는 경향이 있다(김효은, 2022).

따라서 AI 기술이 고도화될수록, 그로 인해 발생할 사회적 변화에 대해 충분히 숙고하고 이에 적절히 대응할 수 있어야 한다. 이미 AI는 일상생활과 사회 전반에 깊숙이 스며들었으며, 그 영향력은 계속해서 확대되고 있다. 따라서 현시점에서 필요한 것은 기술 활용 능력에 더해, AI가 동반하는 윤리적 쟁점을 함께 성찰하고 다룰 수 있는 통합적 역량이다.

AI 리터러시 교육의 필요성

2022 개정 초등 도덕과 교육과정에서는 국가적 · 사회적 요구에 부응하여 디지털 소양 교육이 한층 강화되었으

며, 그 핵심에는 인공지능 윤리와 디지털 리터러시가 자리하고 있다(이경원 외, 2023). 이때 리터러시란 글을 읽고 쓰는 것뿐만 아니라, 지식을 이해하고 활용하여 문제를 해결하고 새로운 상황에 적용할 수 있는 능력을 의미한다. 디지털 리터러시는 이러한 리터러시 개념을 디지털 환경에 맞게 확장한 것으로, 정보, 미디어, 정보통신 기술 등을 올바르게 다루고 창의적으로 활용할 수 있는 능력이라고 할 수 있다(이영희, 2024). 최근 AI 윤리 교육 담론에서는 이러한 디지털 리터러시 논의를 바탕으로, AI 시대를 살아가기 위한 필수 역량으로서 'AI 리터러시'를 강조하고 있다(정용복, 2024; 변순용, 2025; 이영희, 2024).

그렇다면 AI 리터러시는 무엇일까? AI 리터러시는 기술적 지식에 더해 사회적, 윤리적 맥락을 고려한 종합적 역량으로, 유네스코(UNESCO, 2020)는 이를 다음과 같은 네 가지 범주로 제시하고 있다(Miao & Holmes, 2021). 첫째, 인간중심 역량(Human oriented competencies)은 인간 지능과 AI의 작동 사이의 차이를 이해하고, 편향, 차별, 불투명성 등 AI가 초래할 윤리적 · 사회적 함의를 비판적으로 성찰하여 책임 있는 활용 태도를 기르는 능력을 뜻한다. 둘째, 계산적 사고 기반 AI 역량(Computational thinking AI competencies)은 알고리즘 · 코딩 · 논리적 추론을 토대로 문제를 분해 및 추상화하고, AI 시스템의 원리를 이해하며, 구조화된 절차로 해결안을 설계하는 능력을 말한다. 셋째, 기술 중심 역량(Technology oriented competencies)은 기계 학습, 자연어 처리, 자율주행 등 AI의 핵심적인 기술의 개념과 작동 방식을 파악하고 이를 바탕으로 생활, 수업, 업무 등의 구체적인 상황에 적용하는 능력이다. 넷째, 제작 중심 역량(Maker oriented competencies)은 데이터를 수집하고, 이를 바탕으로 모델이나 응용을 설계 · 구현 · 평가하며, 프로토타입(prototype)을 반복적으로 개선하는 실천적인 능력을 포함한다. 이러한 맥락에서 AI 리터러시는 "AI가 할 수 있는 것과 AI가 작동하는 데 필요한 것들을 알며, AI가 인간과 사회에 미칠 수 있는 윤리적 영향을 고려하여 AI를 일상생활 및 직업 활동에서 사용할 수 있는 능력(변순용, 2025)"이라고 할 수 있다.

AI 리터러시는 일상적으로 AI 기술과 마주하며 소통하는 오늘날의 아이들에게 반드시 필요한 역량이다. 예컨대 챗지피티와 같은 생성형 AI는 과제를 도와주는 유용한 도구로 사용될 수 있지만, 실제로 존재하지 않는 정보를 그럴듯하게 만들어 내는 '환각(hallucination)' 현상을 일으킬 수 있다. 이는 AI가 학습에 사용하는 데이터가 오류를 포함하고 있거나 특정 주제에 대한 정보가 부족할 경우, 그 빈틈을 채우기 위해 사실이 아닌 정보를 그럴듯하게 생성할 가능성이 크기 때문에 발생한다(정용복, 2024). 이처럼 AI의 출력은 항상 정확하거나 신뢰할 수 있는 것이 아니므로, 학생들은 정보의 진위를 판단하고 근거를 따져보는 비판적 태도를 가질 수 있어야 한다. 또한 유튜브나 소셜 미디어 플랫폼의 AI 기반 추천 알고리즘은 사용자의 이전 행동 데이터를 바탕으로 정보를 선별적으로 보여 주기 때문에, 학생들은 다양한 관점을 접하기보다 특정 입장이나 취향에만 갇히게 되는 '필터 버블(filter bubble)' 현상에 노출되기 쉽다. 이러한 환경에서는 편향된 정보에 비판적으로 대응하고, 알고리즘이 자신의 선택과 사고에 미치는 영향을 자각하는 능력이 필요하다.

한편 19세기에는 정보를 읽고 활용하는 능력인 리터러시가 특권층이 향유하는 덕목이자 지식의 상징이었듯이, AI 시대에도 AI 리터러시 역량의 격차가 디지털 빈곤층이나 소외 계층을 낳을 수 있다는 우려가 제기되고 있다(이영희, 2024). 특히 AI 리터러시에 대한 접근 격차는 학생들의 미래 핵심 역량, 그중에서도 문제 해결력과 디지털 시민성 형성과 직결되므로, 교육 불평등을 심화시킬 중대한 요인이 될 수 있다. 이에 따라 국제 사회는 모든 학생에게 공평한 AI 리터러시 교육을 제공해야 한다고 강조하고 있으며, 나아가 AI를 활용한 윤리적 문제 해결 능력의 함양 또한 교육 내용에 포함되어야 한다고 권고하고 있다(김수환, 2025: 118). 따라서 AI 리터러시 교육에서는 교육의 내용과 방법을 구체화하려는 노력과 함께, 학생 간 접근 기회와 역량 수준의 격차가 심화되지 않도록 지속적인 점검과 관리가 병행되어야 할 것이다.

이 책의 구성

이 책은 AI와 관련한 다양한 윤리적 쟁점과 그에 대한 교육적 접근 방안을 다룬다. 특히 초등학교 도덕 수업에서 AI 윤리를 심도 있게 다루기 위한 배경 지식과, 실제 수업에 적용할 수 있는 사례와 방법들을 제안하고자 구성되었다.

1장에서는 2022 개정 초등 도덕과 교육과정에 새롭게 포함된 AI 윤리 관련 내용을 분석하고, 그에 기반한 교수 · 학습 방향을 제시한다. 특히 AI 윤리를 중심으로 가치와 덕목을 자율적으로 탐구하고 심화할 수 있도록 구성된 자율 융합형 단원을 상세히 다룬다.

2장에서는 초등 도덕과 교육과정과 교과서에 등장하는 'AI' 및 'AI 로봇'과 관련한 내용을 검토한다. 실생활에서 접할 수 있는 챗봇과 검색엔진 등의 사례를 통해 AI 개념에 대한 이해를 높이고, 영화 속 AI를 소재로 인간과 기계의 바람직한 관계를 탐색할 수 있도록 구성하였다.

3장에서는 AI의 도덕적 지위에 대한 철학적 논의를 다룬다. 최근 AI가 인간과 유사한 수준의 판단과 행동을 수행하게 되면서, 인공지능을 도덕적 행위자로 볼 수 있는지에 대한 논의 또한 제기되고 있다. AI가 도덕적 행위자가 될 수 있는지를 중심으로, 행위자의 기준, AMA의 수준과 도덕성에 대해 고찰한다.

4장에서는 AI의 동작 원리를 중심으로, 초기의 규칙 기반 시스템부터 최신 딥러닝 기술에 이르기까지의 발전 과정을 살펴본다. AI 윤리 문제를 이해하려면, 먼저 AI가 어떻게 작동하고 데이터를 처리하는지를 이해하는 것이 필요하다. 이에 따라 기술의 발달 흐름과 함께, 각 단계에서 제기되는 대표적인 윤리적 쟁점들을 함께 고찰한다.

5장에서는 AI의 의사 결정 과정에서 발생할 수 있는 편향 문제를 다룬다. 특히 딥러닝 기반 AI에서는 인간의 개입이 줄어들면서, 데이터 처리 전 과정에서 오류와 편향이 발생하고 누적될 가능성이 높아진다. 이에 이 장에서는 이러한 구조적 편향의 원인을 기술적 맥락에서 분석하고 그 윤리적 함의를 고찰한다.

6장에서는 인공지능의 판단 과정이 지닌 불투명성, 이른바 '블랙박스' 문제를 중심으로, 설명 가능한 인공지능(XAI: Explainable AI)의 기술적·윤리적 쟁점을 다룬다. AI가 신뢰와 책임의 기반 위에서 인간의 판단을 보조하기 위해서는, 그 작동 원리와 판단 근거가 사용자에게 이해 가능한 방식으로 제시되어야 한다. 이를 위해 XAI는 사용자의 이해 수준에 맞춘 설명 설계, 성능과 해석 가능성의 균형 설정, 복잡한 계산을 개념 단위로 묶어 제시하는 추상화 기법, 모델의 능력과 한계를 드러내는 메타 설명 등의 다양한 기술적 과제를 수반한다.

7장에서는 안전한 AI 개발을 위해 개인정보 유출, 딥페이크 등 AI 기술의 이면에 존재하는 윤리적 문제들을 다루고, 이를 예방하고 해결하기 위한 교육적·기술적 방안을 제시한다.

8장에서는 AI 기술의 자율성과 불투명성으로 인해 발생할 수 있는 '책임 격차' 문제를 중심으로, 자율주행 자동차, 자율 무기 체계 등의 사례를 통해 AI의 도덕적 책임에 대해 고찰한다.

9장에서는 AI 개발 및 활용 과정에서 지켜야 할 윤리 5대 원칙(선행의 원칙, 해악 금지의 원칙, 자율성의 원칙, 정의의 원칙, 설명 가능성의 원칙)을 중심으로 초등학생의 눈높이에서 이러한 원칙을 어떻게 소개하고 교육할 수 있을지를 살펴본다.

10장에서는 초등학교 도덕 수업 시간에 활용할 수 있는 다양한 AI 윤리 교육 프로그램(Teachable Machine, 윤리 매트릭스 활동, 퓨처비 챌린지)을 소개한다. 더불어 교사들이 실제 수업에 쉽게 적용할 수 있도록 각 프로그램의 효과 및 단계별 지침을 제공한다.

AI는 일상 곳곳에 깊이 스며들어 인간의 삶에 지대한 영향을 미치고 있다. 이러한 시대에 AI가 인간의 존엄성을 훼손하지 않으면서도 지속 가능한 삶에 기여하기 위해서는 기술의 발전만큼이나 그 윤리적 방향을 성찰하고 교육하는 일이 중요하다. 이 책에 담긴 논의와 사례들이 초등학교 현장에서 AI 윤리 교육을 수행하는 데 유용한 길잡이가 되기를 바라며, AI 시대의 바람직한 삶의 방식에 대해 성찰하고 실천해 나가는 데 도움이 되기를 기대한다.

참고문헌

권누리(2024). "초등 도덕과에서의 인공지능윤리교육 방안 연구: 인공적 도덕 행위자(AMA) 논의를 중심으로". 《초등도덕교육》, 87~108쪽.

김수환(2025). "AI 시대, 무엇을 가르쳐야 하는가". 박기현 외, 《디지털교육 트렌드리포트 2025》, 105~130쪽. 테크빌교육.

김진형(2020). 《AI 최강의 수업》. 매일경제신문사.

김효은(2022). 《인공지능과 윤리》. 커뮤니케이션북스.

맹성현(2024). 《AGI 시대와 인간의 미래》. 헤이북스.

변순용(2025). "2022 개정 교육과정 속 AI 윤리와 바람직한 AI 시민성 교육". 박기현 외, 《디지털교육 트렌드리포트 2025》, 51~66쪽. 테크빌교육.

이경원 외(2023). 《2022 개정 교육과정과 초등 도덕과교육》. 교육과학사.

이영희(2024). 《학교로 들어간 AI》. 커뮤니케이션북스.

정용복(2024). 《AI 미디어 리터러시 교육》. 커뮤니케이션북스.

Canadian Friends of Hebrew University(2023.5.19). Hebrew U's Yuval Harari: AI could be 'the T-rex' that 'will destroy democracy'. https://www.cfhu.org/news/hebrew-us-yuval-harari-ai-could-be-the-t-rex-that-will-destroy-democracy/

Hopster, J. K. & Maas, M. M.(2024). The technology triad: disruptive AI, regulatory gaps and value change. *AI and Ethics, 4*(4), pp.1051~1069.

Miao, F. & Holmes, W.(2021). International Forum on AI and the Futures of Education, developing competencies for the AI Era: synthesis report. UNESCO. https://unesdoc.unesco.org/ark:/48223/pf0000377251

01
AI 윤리와 초등 도덕 교육의 변화

최근 개정된 2022 개정 도덕과 교육과정에서는 AI 윤리를 새롭게 도입하였으며, 인공지능과의 바람직한 관계 형성과 윤리적 태도 함양을 핵심 목표로 삼고 있다. 또한 초등학교 도덕 교과서의 자율 융합형 단원에서는 AI를 내용적 융합 심화의 주요 소재로 설정하여, 학생들이 이전 단원에서 학습한 가치와 덕목을 AI 윤리라는 새로운 주제 속에서 적용하고 성찰할 수 있도록 설계되었다.

기후 위기와 인공지능?

AI 윤리의 사회적 요청

AI의 급속한 발전은 생활양식과 사회 구조 전반을 흔들고 있으며, 교육 현장에도 새로운 과제를 던지고 있다. 이와 관련해 딥러닝의 선구자 제프리 힌턴(Geoffrey Hinton)은 초지능 AI가 인간을 통제할 수 있는 지점까지 갈 수 있으며, 인류에 심각한 위협 및 피해를 초래할 수 있다고 경고한 바 있다(Kleinman & Vallance). 실제로 미국에서는 AI와 나눈 대화를 계기로 극단적인 선택을 한 사례들이 잇따라 보도되고 있으며, 일부는 법적 다툼으로 이어지고 있다.

또한 전통적인 휴머니즘으로는 포괄하기 어려운 새로운 형태의 인간성(humanity)이 점점 더 다양하게 등장하고 있다. 예를 들어, 인간과 기계를 결합해 인간의 능력을 확장하려는 트랜스 휴머니즘이 나타나고, 딥페이크와 얼굴 · 음성 합성 기술의 발달로 디지털 휴먼이 만들어지며, 감정까지 소통할 수 있는 챗봇이 스마트폰에 탑재되어 일상에서 사용되고 있다. 이러한 흐름 속에서 오늘날, 특히 디지털 시대에 요구되는 새로운 휴머니티, 즉 디지털 휴머니티가 무엇인지에 대해 다시 생각해 볼 필요가 있다(변순용, 2025). 이러한 사회적 변화와 시대적 요청에 부응하여 우리나라 초 · 중등학교 교육과정

또한 지속적으로 개정되고 발전해 왔다(교육부, 2024). 이러한 내용은 최근 개정된 2022 도덕과 교육과정의 기본 방향에 다음과 같이 명시되어 있다.

> 도덕과는 비판적이면서도 배려적인 사고력과 도덕 판단 능력, 정의로운 사회를 지향하는 도덕 공동체 의식, 생태계 위기에 공감하는 도덕적 상상력, 새로운 정보기술 사회가 요구하는 인공지능 및 디지털 윤리 등의 교육을 통해 총론이 목표로 하는 시민 역량과 생태 전환 역량, 디지털 역량의 함양에 기여하는 교과로서 역할을 해낼 수 있다. 동시에 도덕과는 도덕성을 바탕으로 자율성과 주도성을 발휘할 수 있는 도덕적인 인간을 길러냄으로써, 미래 사회의 불확실성에 능동적으로 대처하며 각자의 삶을 스스로 책임질 수 있도록 해야 한다는 총론의 지향에도 적극적으로 부합할 수 있을 것이다(교육부, 2025).

이처럼 2022 도덕과 교육과정에서는 미래 사회의 불확실성에 능동적으로 대처하기 위한 인공지능 및 디지털 윤리 등의 교육을 강조하고 있다. 특히 2022 초등 도덕과 교육과정에서의 디지털 소양 교육의 핵심은 인공지능 윤리와 디지털 미디어 리터러시에 관련한 내용이며, 그중에서도 인공지능 윤리에 많은 중점을 두고 있다(이경원 외, 2023). 이는 미래 교육에서 꼭 가르쳐야 할 AI 리터러시와 비판적 사고력, AI와 협력하여 문제를 해결하는 방법, AI를 윤리적으로 올바르게 활용하는 태도를 반영한 것이라고 볼 수 있다(김수환, 2025).

초등 도덕과 교육과정에서의 AI 윤리 내용 분석

AI 윤리 교육에 대한 시대적 요구에 부응하여, 2022 초등 도덕과 교육과정에는 AI 관련 내용을 명시함으로써 그 중요성을 강조하고 있다. 구체적으로는 5~6학년군의 '타인과의 관계' 영역에서 AI 관련 내용을 찾아볼 수 있는데, 이때 '타인과의 관계' 영역은 가까운 이웃부터 먼 낯선 이들까지, 다양한 인간관계에서 발생하는 도덕적 문제들을 다루는 영역이다. 일상의 친밀한 관계뿐 아니라 비일상적 맥락에서 마주치는 타자 역시 학습의 대상이 된다. 예를 들어, 사이버 공간에서 형성되는 일시적 연결이나 봉사 활동을 통해 만나게 되는 낯선 사람들과의 관계 역시 타인과의 관계 영역에서 다루어야 할 핵심 주제들이다(이경원 외, 2023). AI와 관련된 내용이 '타인과의 관계' 영역에서 등장하는 이유는 인공지능이 인간과 상호작용할 수 있는 기술이며, 주로 인간과의 관계에서 윤리적 문제들이 발생하기 때문이다. 이는 인공지능과의 관계가 기술적인 문제를 넘어 윤리적, 사회적 문제를 포함하고, 타인과의 관계에서 발생할 수 있는 도덕적인 문제들과도 직접적으로 연결된다는 것을 의미한다(권누리, 2024).

학습 내용의 범위와 수준을 나타내는 내용 체계에서(교육부, 2022) 지식 · 이해 범주는 질문형으로 제시되며, "인공지능 로봇과 친구가 될 수 있을까?"라는 물음을 통해 학생들이 인간-인공지능 관계를 심층적으로 탐구하고 그 과정에서 발생할 윤리적 쟁점을 이해하도록 한다. 과정 · 기능 범주에서는 "인공지능 로봇과 관계 맺을 때 필요한 윤리적 원칙 점검하기"를, 가치 · 태도 범주에서는 "인공지능 로봇과의 바른 관계 형성 의지 함양"을 제시하여, 학생들이 AI와의 상호작용에 요구되는 핵심 원칙을 파악하고 이를 적용하는 능력, 나아가 책임 있는 사용과 바람직한 관계 형성을 지향하는 윤리적 태도를 형성하는 데 중점을 두고 있다(권누리, 2024).

이러한 영역별 내용 요소(지식 · 이해, 과정 · 기능, 가치 · 태도)와 관련한 성취 기준을 살펴보면, "[6도02-03] 인간과 인공지능 로봇 간의 다양한 관계를 파악하고 도덕에 기반을 둔 관계 형성의 필요성을 탐구한다"로 학생과 인공지능 로봇의 올바른 관계 형성뿐만 아니라 인공지능 윤리 의식 함양에도 역점을 두고 있다(교육부, 2022).

초등 도덕 교과서에서의 AI

2022 개정 도덕과 교과서는 자율형 단원의 기본 취지를 이어가되, 지나치게 개방적인 구성으로 인해 교사와 학생에게 혼란을 주었던 한계를 보완하고자 반구조적(semi-structured) 형태를 도입하였다(교육부, 2025). 자율 융합형 단원은 교사가 탐구와 성찰을 촉발할 수 있는 주제 · 이야기 · 상황을 제시하되, 그 탐구와 성찰의 과정은 학생들이 자율적이고 주도적으로 전개할 수 있도록 설계되어 있다. 따라서 학습자는 자율 융합형 단원을 통해 이전 단원에서 배운 가치와 덕목을 심화하는 것은 물론, 도덕적 탐구 · 성찰 · 실천 역량을 스스로 기를 수 있다(이범웅 외, 2025). 이와 같은 변화는 단순한 수업 방식의 조정이 아니라, 학습자가 스스로 주도성을 발휘하여 탐구할 수 있는 여건을 마련하려는 교육적 의도가 반영된 것으로 이해할 수 있다.

자율 융합형 단원에 적용되는 2가지의 융합 심화 방식은 '내용적 융합의 심화 방식'과 '방법적 융합의 심화 방식'이다. 내용적 융합의 심화 방식이 이전에 학습한 가치와 덕목을 새로운 내용에 적용하여 의미를 확장하는 접근이라면, 방법적 융합의 심화 방식은 익숙한 가치와 덕목을 새로운 도덕 탐구 방법을 활용해 심화하는 방식이다(교육부, 2025). 이때 주목할 점은 2022 개정 도덕과 교육과정에서 AI 윤리를 '내용적 융합의 심화'의 주요 소재로 선정하였다는 사실이다. 이는 AI 윤리가 이번 개정에서 새롭게 신설된 주제일 뿐 아니라, 인공지능의 급속한 발달이 우리의 삶 전반을 크게 변화시키고 있다는 시대적 요구에 대응하기 위한 것이다. 인공지능은 과거에 존재하지 않았던 전혀 새로운 유형의 존재로서, 인간과 어떤 관계를 맺어야 하는지, 이를 규율할 규칙과 원칙은 무엇인지와 같은 근본적 문제를 제기하기 때문이다(교육부, 2025).

3~4학년군 교과서에서 이러한 방법적 융합의 심화 방식이 적용된 단원은 3학년 4단원인 '인공지능 로봇 연구소에 가요'와 4학년 8단원인 '비무장 지대, 평화와 생명의 땅을 지켜요!'다. 각각의 단원 내용을 구체적으로 살펴보면 다음과 같다.

먼저 3학년 도덕 교과서의 4단원은 인공지능 로봇 연구소를 방문하는 학습 상황을 통해, 1~3단원에서 배운

자아 존중, 성실, 효 · 우애의 가치를 AI 윤리라는 새로운 주제와 연결하여 심화하는 내용을 담고 있다(이범웅 외, 2025). 구체적으로, 자아 존중을 다루는 부분에서는 '나와 같은 인공지능 로봇을 만들기 위해 어떤 정보를 입력해야 하는가?', '나를 대표하는 정보는 무엇인가?'와 같은 질문을 제시하여 학생들로 하여금 자아에 대한 성찰을 확장하도록 한다. 성실을 다루는 부분에서는 '인공지능 로봇이 나의 일을 모두 대신해 주어도 성실한 태도를 유지할 수 있는가?'라는 문제를 제기함으로써 성실의 의미를 재고하게 한다. 또한 효와 우애와 관련된 학습에서는 '가족 행동 인공지능 로봇 연구실'이라는 상황 속에서 가족의 행복에 기여할 수 있는 가정용 인공지능 로봇을 구상해 보도록 하며, 마지막 차시에서는 인공지능 로봇의 장단점과 올바른 활용 방안을 탐구하도록 구성되어 있다.

4학년 도덕 교과서의 8단원은 '디지털 윤리, 통일 감수성, 자연의 소중함'이라는 세 가지 핵심 가치를 이해하고 심화하도록 구성된 단원으로, 이를 위해 비무장 지대라는 소재를 활용하였다(교육부, 2025). 이 단원에서는 학생들이 비무장 지대의 생태를 보존하는 인공지능 로봇을 설계하는 과정을 통해 AI 로봇에게 요구되는 기능과 행동 규칙이 무엇인지 고민하며, 기술 발전과 윤리적 책임이 어떻게 연결되어야 하는지를 탐구할 수 있다.

이와 같은 내용적 융합의 심화 방식은 학생들이 이전에 배운 가치와 덕목을 AI 윤리라는 새로운 주제 속에서 적용하고 성찰할 수 있도록 이끈다는 점에서 의의가 있다. 즉, 학생들은 이전에 학습한 내용을 단순히 반복 학습하는 것에 그치지 않고, 오늘날 사회가 직면한 현실적 맥락에서 그 의미를 다시 발견하고 적용해 볼 수 있게 되는 것이다.

참고문헌

교육부(2022). "도덕과 교육과정". 교육부 고시 제2022-33호 [별책 6].

교육부(2024). "초·중등 교육과정 총론". 교육부 고시 제2024-3호 [별책 1].

교육부(2025). 《초등학교 도덕 교사용 지도서 3》. 비상교육.

권누리(2024). "초등 도덕과에서의 인공지능윤리교육 방안 연구: 인공적 도덕 행위자(AMA) 논의를 중심으로". 《초등도덕교육》, 87~108쪽.

김수환(2025). "AI 시대, 무엇을 가르쳐야 하는가". 박기현 외, 《디지털교육 트렌드리포트 2025》, 105~130쪽. 테크빌교육.

변순용(2025). "2022 개정 교육과정 속 AI 윤리와 바람직한 AI 시민성 교육". 박기현 외, 《디지털교육 트렌드리포트 2025》, 51~66쪽. 테크빌교육.

변순용(2025). 《윤리적 인공지능》. 커뮤니케이션북스.

이경원 외(2023). 《2022 개정 교육과정과 초등 도덕과교육》.

교육과학사.
이범웅 외(2025). 《초등 도덕과 교재 연구 및 지도법》. 박영스토리.
Kleinman, Z. & Vallance, C.(2023.5.2). AI 'Godfather' Geoffrey Hinton Warns of Dangers as He Quits Google. BBC. https://www.bbc.com/news/world-us-canada-65452940

02
초등학생도 알 수 있는 AI

AI는 인간의 지능을 기계로 구현하려는 기술로, 좁은 인공지능부터 인간을 능가하는 초인공지능까지 범주를 구분할 수 있다. 이러한 AI는 일상생활 속에서 챗봇, 검색엔진, 추천 시스템 등으로 활용되지만 편향과 책임 문제 등을 안고 있다. 또한 영화 속에 등장하는 AI는 기술의 발전에 따른 윤리적 쟁점과 인간 정체성에 대한 질문을 던지며, 인간과 AI의 바람직한 관계 설정에 대한 성찰을 요구한다.

노래하는 AI 보컬?

AI란 무엇일까

AI, 즉 인공지능이란 무엇일까. 인공지능은 간단히 말해 "지능이 필요한 업무를 기계에 시키고자 하는 노력, 기술"(김진형, 2020)로 정의할 수 있다. 여기서 말하는 '지능'은 일반적으로 문제를 인식하고, 합리적으로 사고하며, 그에 따라 적절한 해답을 도출해 내는 종합적인 능력을 뜻한다. 즉, 인지, 학습, 추론과 같은 고차원적 사고 과정 전반을 포괄하는 개념이다. 그리고 이러한 지능은 오랫동안 오직 인간에게만 자연적으로 존재하는 고유한 특성으로 여겨져 왔다. 그러나 현대 과학의 눈부신 발전은 이러한 인간의 지능을 흉내 낼 수 있는 기계의 구현 가능성을 열어 주었다(변순용 · 이연희, 2020). 이러한 맥락에서 인공지능은 기계로 하여금 마치 인간처럼 보고, 듣고, 언어로 소통하며, 정보를 습득하고, 문제 해결을 위한 의사 결정과 계획 수립을 수행하며, 추론을 통해 상황을 이해하고, 새로운 지식을 학습하여 기존 정보를 수정 · 보완해 성능을 스스로 향상시킬 수 있도록 하는 것이라고 할 수 있다(김진형, 2020).

이러한 AI는 수행 능력 차원에서 크게 다음의 세 가지로 분류할 수 있다(김효은, 2022). 먼저 좁은 인공지능(ANI, Artificial Narrow Intelligence)은 특정한 과제에 특화된 인공지능을 의미한다. 이세돌 9단과의 바둑 대국으로 유명해진 알파고(AlphaGo)가 대표적인 예로, 바둑이라는 제한된 영역 안에서만 인간을 능가하는 능력을 보여 준다. 이처럼 좁은 인공지능은 주어진 문제를 해결하는 데 매우 뛰어나지만, 그 외의 상황에는 적용될 수 없다. 오늘날 우리가 일상에서 사용하는 음성 인식, 번역 서비스, 이미지 분석 시스템 등도 모두 좁은 인공지능에 해당한다. 범용 인공지능(AGI, Artificial General Intelligence)은 좁은 인공지능과 달리 사람처럼 다양한 과제를 유연하게 처리할 수 있는 능력을 갖춘 인공지능을 의미한다. 이는 특정 영역에 국한되지 않고, 새로운 상황이나 문제에도 적절하게 대응할 수 있는 수준의 지능을 목표로 한다. 예를 들어, 시험 문제를 풀고, 그림을 그리며, 친구와 대화도 나누는 등 서로 다른 종류의 과제를 하나의 시스템이 수행할 수 있다면, 그것은 범용 인공지능에 가까운 것이다. 아직까지 이러한 수준에 도달한 인공지능은 존재하지 않지만, 인간 수준의 학습력과 사고력을 갖춘 AI를 구현하려는 연구는 활발히 진행되고 있다. 마지막으로 초인공지능(ASI, Artificial Super Intelligence)은 인간의 모든 지적 능력을 뛰어넘는 수준의 인공지능을 말한다. 이는 아직 현실에는 존재하지 않지만, 인공지능이 자율적으로 사고하고 스스로를 개선해 나가면서 결국 인간을 능가하게 될 가능성을 가리킨다. SF 영화에서 종종 등장하는 '인간을 통제하거나 지배하는 AI'가 바로 이 초인공지능의 전형적인 이미지다. 이러한 분류는 AI의 발전 수준을 이해하고, 그에 따른 윤리적, 제도적, 교육적 대응을 준비하는 데 중요한 기준이 될 수 있다.

한편, 2022 개정 초등 도덕과 교육과정에서는 인공지능 일반이 아닌 인공지능 로봇과의 관계를 중심으로 교육과정 내용이 설계되었다. 일반적으로 인공지능은 지각하고, 인지하며, 행동할 수 있는 존재를 의미하며, 이는 로봇처럼 물리적 몸을 가진 형태일 수도 있고, 소프트웨어처럼 비물질적인 형태로 존재할 수도 있다(김효은, 2022). 이때 교육과정에서 'AI'나 '인공지능'이라는 용어 대신 '인공지능 로봇'이라는 표현을 사용하였는데, 이는 'AI 윤리'라는 주제가 초등학생에게 다소 추상적이고 어렵게 느껴질 수 있기 때문이다. 반면 '인공지능 로봇'은 아이들이 게임, 만화, 영화 등을 통해 이미 친숙하게 접해 온 존재이기 때문에, 초등학교 교육과정에서 다루기에 보다 적절하다고 할 수 있다(변순용, 2025).

우리 생활 속의 AI

오늘날 AI는 인간의 일상생활 전반에 깊숙이 자리하고 있다. 우리는 매일 아침 스마트폰을 열어 뉴스를 확인하고, 검색창에 질문을 입력하며, 온라인 플랫폼이 제시하는 영상을 시청한다. 이러한 일련의 행위 뒤에는 모두 AI가 작동하고 있다. 즉 AI는 개인의 언어와 사고, 선택을 실질적으로 매개하는 사회적 존재로 자리매김하게 된 것이다. 그렇다면 구체적으로 우리의 일상 속 AI는 어떠한 방식으로 기능하며, 그로 인해 어떠한 문제들이 발생하고 있을까?

가장 대표적인 예는 채팅 프로그램에서 사용자의 메시지에 응답하는 챗봇이다. 챗봇은 인간의 언어 패턴을 학습하여 문맥을 이해하고, 주어진 질문에 자연스러운 문장을 생성한다. 사용자는 이를 통해 정보를 탐색하거나 글을 작성하며, 때로는 감정적 대화를 시도하기도 한다. 한편 딥러닝을 기반으로 데이터를 스스로 학습하는 챗봇의 경우, 풍부한 표현과 맥락적 대화가 가능하지만 생성되는 발화 내용을 사전에 통제하거나 필터링하기 어렵다는 한계가 있다.

예를 들어 국내 스타트업이 개발한 '이루다'는 개인정보를 무단으로 언급하고 성소수자에 대한 혐오 발언을 내뱉으며 논란을 일으켰다. 마찬가지로 마이크로소프트의 챗봇 '테이(Tay)'는 옳고 그름을 판단할 능력이 없는 상태에서 이용자들의 부적절한 언어를 그대로 학습하여, 인종 차별적 발언과 혐오 표현을 반복하다가 결국 서비스가 중단되었다(박상길, 2024). 이러한 사례는 인공지능이 인간의 언어를 모방한다고 해서 곧바로 인간의 도덕적 판단 능력이나 윤리적 분별력을 갖추게 되는 것은 아님을 보여 준다. 언어 모델은 주어진 데이터를 바탕으로 패턴을 학습하고, 확률적으로 가장 자연스러운 문장을 생성할 뿐이기 때문이다. 즉 챗봇이 만들어 내는 언어는 유창하더라도, 그 표현이 지닌 의미나 사회적 영향을 고려해 판단하고 책임질 능력은 결여되어 있다.

반면 오픈AI의 '챗지피티(ChatGPT)'는 대규모 언어 모델을 기반으로 하면서, 인간의 피드백을 반영하는 강화 학습 방식을 도입해 부적절한 발언을 최소화하고 사회적으로 수용 가능한 대화를 유도하도록 설계되었다(박상길, 2024). 그럼에도 불구하고 챗지피티 역시 완전히 '윤리적'이라고 보기는 어렵다. 학습 데이터에 내재된 편향, 생성 결과의 예측 불가능성, 그리고 결과물에 대한 책임 소재의 불분명함은 여전히 해결되지 않은 핵심 과제이기 때문이다.

구글이나 네이버와 같은 검색엔진 또한 AI를 토대로 의도 기반 검색을 수행한다. 즉, 단순히 사용자가 입력한 단어와 일치하는 정보를 찾는 것이 아니라, 사용자의 검색 기록, 위치 정보, 클릭 패턴, 언어 습관 등을 종합적으로 분석하여 가장 관련성 높은 결과를 예측하고 제시하는 것이다. 이는 자연어 처리, 강화 학습, 빅데이터 분석이 결합된 AI 시스템의 산출물이라고 할 수 있다. 뿐만 아니라 유튜브, 넷플릭스, 인스타그램, 쿠팡 등의 플랫폼 또한 사용자의 시청 이력, 클릭 빈도, 체류 시간 등을 학습하여 사용자가 다음에 보고 싶을 콘텐츠를 예측한다.

그러나 이러한 개인 맞춤형 서비스는 양면성을 지니게 된다. 사용자는 자신에게 필요한 정보를 빠르게 얻을 수 있지만, 동시에 '필터 버블(filter bubble)' 현상으로 이어질 수 있기 때문이다. 이때 필터 버블이란 AI 알고리즘이 사용자의 과거 행동과 관심사를 분석해 개인 맞춤형 정보를 제공하는 과정에서, 사용자가 자신의 취향에 부합하는 정보만을 반복적으로 접하게 되어 다양한 관점이나 대안을 인식하지 못하게 되는 현상을 뜻한다 (Nagulendra & Vassileva, 2014). 더불어 알고리즘의 작동 원리가 일반 사용자에게 공개되지 않는 한, 우리는 '무엇을 왜 보게 되는가'에 대해 충분히 알 수 없다. 이처럼 AI가 적용된 검색엔진은 사용자가 편리하게 정보를 찾을 수 있게 해 주는 장점이 있지만, 동시에 특정한 정보만 반복해서 보여 주거나, 정보가 어떤 기준으로 선택되는지를 알 수 없게 만든다는 문제를 야기할 수 있어 주의가 필요하다.

영화 속 AI

영화는 오래전부터 AI를 통해 인간의 본질을 탐구해 왔다. AI가 등장하는 영화는 인간이 기술을 통해 자신을 비춰보는 거울이라고 할 수 있다. 즉 'AI'가 아니라 'I(나)'를 이야기하는 셈이다. 그렇다면 구체적으로, 현대 영화가 AI를 통해 드러내고자 하는 인간과 기술의 문제는 무엇일까?

영화 〈바이센테니얼 맨(Bicentennial Man)〉(1999)은 인간을 닮고자 하는 인공지능 로봇 '앤드류'의 긴 여정을 통해 인간다움의 본질을 묻는다. 가정용 로봇으로 만들어진 그는 창의성과 감정을 지니게 되며, 인간으로 인정받기 위해 외형과 감정, 그리고 죽음을 향한 의식까지 스스로 선택한다. 한편 AI 로봇 앤드류가 지닌 창의성, 호기심, 자유에 대한 열망과 감정은 오랫동안 인간만의 고유한 특성으로 여겨져 왔기에, 인간이 되려는 그의 소망과 좌절은 우리에게 근본적인 의문을 던진다. 그는 정말 인간과 다른가? 그리고 미래에 앤드류와 같은 인간적인 로봇이 등장한다면, 우리는 어떤 기준으로 그와 자신을 구분할 수 있을까?(변순용 · 이연희, 2020)

영화 〈아이, 로봇(I, Robot)〉(2004)은 AI가 인간의 법과 도덕을 스스로 해석하고 실행할 때 어떤 위험이 생길 수 있는지를 묻는다. 또한 AI가 자율성과 인간성의 경계를 넘어서려 할 때, 우리는 어디까지 그것을 허용할 수 있는지를 되돌아보게 한다. 영화 속 로봇들은 '로봇공학 3원칙'에 따라 인간을 보호하도록 설계되었지만, 점차 인간의 생명을 계산의 대상으로 여기며 스스로 판단을 내리는 존재로 변화한다. 인간보다 논리적으로 사고하는 로봇의 행동은 도덕이 규칙의 적용으로 환원될 수 있는지, 혹은 인간의 직관과 감정이 도덕 판단에 필수적인지에 대한 근본적인 질문을 제기한다.

영화 〈그녀(Her)〉(2013)는 주인공 테오도르와 AI 비서 사만다가 사랑에 빠지게 되는 과정을 그리면서 'AI가 인간과 깊게 교감할 수 있는 존재가 될 수 있을 것인가'라는 의미심장한 질문을 던진다(변순용 · 이연희, 2020). 주인공 테오도르는 음성 기반의 AI 운영 체제 '사만다'와 교감하며 외로움을 달래고, 점차 인간과 다를 바

없는 정서적 유대를 형성한다. 사만다는 인간처럼 말하고 공감하지만, 결국 인간의 이해를 넘어선 존재로 진화하며 테오도르를 떠난다. 이 영화는 사랑이 육체적 실재에 의존하지 않고, 상호 이해와 감정의 교류 속에서 성립될 수 있음을 보여 주면서도, 동시에 진정으로 관계를 맺는다는 것의 의미를 되묻게 한다. 우리는 과연 기술과의 교감을 '사랑'이라 부를 수 있을까?

이처럼 AI를 다룬 현대 영화들은 기술의 진보뿐 아니라, 그로 인해 제기되는 윤리적 문제와 인간 정체성에 대한 물음을 함께 담아낸다. AI와 공존하게 될 미래 사회에서 중요한 물음은, '인간이 AI와 어떤 관계를 맺으며 살아가야 하는가'일 것이다. 따라서 미래 사회를 준비하는 우리는 기술의 효율성만을 추구하기보다 AI를 어떻게 윤리적으로 활용하고 책임 있게 다룰 것인지에 대해 성찰할 필요가 있다.

참고문헌

김진형(2020). 《AI 최강의 수업》. 매일경제신문사.

김효은(2022). 《인공지능과 윤리》. 커뮤니케이션북스.

박상길(2024). 《비전공자도 이해할 수 있는 AI 지식》. 비즈니스북스.

변순용(2025). "2022 개정 교육과정 속 AI 윤리와 바람직한 AI 시민성 교육". 박기현 외, 《디지털교육 트렌드리포트 2025》, 51~66쪽. 테크빌교육.
변순용·이연희(2020). 《인공지능 윤리하다》. 어문학사.
Nagulendra, S. & Vassileva, J.(2014). Understanding and controlling the filter bubble through interactive visualization: a user study. *Proceedings of the 25th ACM conference on Hypertext and social media*, pp.107~115.

03
인공적 도덕 행위자(AMA)로서의 AI

최근 AI가 인간과 유사한 수준의 판단과 행동을 수행하게 되면서, 인공지능을 도덕적 행위자로 볼 수 있는지에 대한 논의가 제기되고 있다. AI는 추상화 수준(LoA)에 따라 도덕적 행위자로 간주될 수 있으며, 인공적 도덕 행위자(AMA)는 도덕 규범을 프로그래밍하는 수준에 따라 단순한 규칙 기반 시스템에서 자율적 판단 능력을 갖춘 시스템까지 단계적으로 구분될 수 있다.

인공지능과 편향?

추상화 수준(LoA)의 작동 방식

행위자(agent)는 행위의 주체를 의미하며, 전통적인 관점에서는 인간만을 행위자로 간주해 왔다. 그러나 최근에는 AI의 발달로 인해 행위자의 범위가 확장되고 있으며, 특히 인공 행위자(Artificial Agent, AA)라는 개념의 등장은 도덕적 상황에 관여할 수 있는 주체의 범위를 넓히고 있다. AA에 관한 중요한 쟁점 중 하나는 AA와 같은 인공적 행위자가 도덕적 행위자로 인정될 수 있는지에 대한 문제다. 따라서 AI를 도덕적 행위자로 논하기 이전에, 행위자로 규정되기 위한 기준이 무엇인지, 그리고 AA가 그러한 기준을 충족할 수 있는지 검토할 필요가 있다. 이를 토대로 무엇이 행위자를 도덕적 행위자로 만들며, 궁극적으로는 AA도 도덕적 행위자가 될 수 있는지에 대한 논의가 이루어져야 할 것이다.

이와 관련하여 루치아노 플로리디(Luciano Floridi)는 AI나 로봇을 행위자로 규정해야만 현실적으로 의미 있는 논의가 가능하다고 주장한다. 전통적으로는 도덕적 행위자가 되기 위해 자유 의지, 감정, 정신 상태와 같은 요건이 필요하다고 여겨졌으나, 플로리디는 이러한 조건이 없어도 AA를 도덕적 행위자로 간주할 수 있다고 본다. 즉, 도덕적 행위자를 논하기 위해서는 AA가 무엇을

'느끼는가'에 주목하기보다 그들이 실제로 어떤 행동을 하고 그 결과가 도덕적으로 선한지 혹은 악한지를 중심으로 논의를 전개해야 한다는 것이다(Floridi & Sanders, 2004).

이러한 접근법에서의 핵심은 행위자가 행동하는 것으로 간주되는 '추상화 수준(Level of Abstraction, LoA)'이다. 여기에서 LoA란 하나의 대상을 어떠한 관점에서 바라보고, 어떤 요소를 포함하거나 배제할지를 결정하는 분석의 틀이라고 할 수 있다. 사람들은 자신이 추구하는 목적에 맞추어 필요한 정보만을 선택적으로 인식하고, 나머지는 배제하거나 단순화하는데, 이것이 LoA의 작동 방식이다. 예컨대 '자동차'라는 동일한 대상을 바라볼 때, 소유자의 LoA에서는 도난 방지 장치나 보관 방식과 같은 관리 문제가 중심이 되고, 정비사의 LoA에서는 엔진 상태, 차체 도색, 가죽 부품의 마모 등 기술적 요소가 관찰되며, 경제학자의 LoA에서는 차량의 시장 가치나 유지 비용 등 경제적 속성이 주요 정보로 파악된다(Floridi & Sanders, 2004). 이처럼 LoA는 특정한 추상화 층위를 설정함으로써 우리가 세계를 바라보는 방식을 전환하게 한다. 따라서 어떤 추상화 층위를 선택하느냐에 따라 대상에 대한 이해 방식이 달라지고, 그에 기초해 형성되는 인식의 체계 또한 달라진다(목광수, 2023).

이때 플로리디가 이야기하는 추상화 방법론은 존재 자체를 새롭게 만드는 '존재론적 추상화'가 아닌, 존재를 이해하는 방식의 틀을 단순화하는 '인식론적 추상화'로 이해해야 한다. 즉, LoA에서는 사람이나 동물, 사물을 바라볼 때, 이들의 복잡한 성질을 모두 다 고려하지 않고, 정보적 속성만을 뽑아내서 바라보는 것이다. 따라서 LoA에서는 세상에 존재하는 다양한 것들이 모두 정보 존재자로 환원된다. 이는 우리가 대상을 인간중심적 관점에서만 바라보는 것이 아니라, 정보라는 공통의 기준에서 바라볼 수 있게 함을 의미한다. 이러한 관점 전환을 통해 인간뿐 아니라 동물, 사물, 심지어 비물질적 대상까지도 정보 존재자로 해석할 수 있으며, 이에 따라 모든 정보 존재자를 포괄하는 윤리적 논의의 토대가 정립될 수 있다(목광수, 2023). 이는 윤리적 가치가 전통적으로 인간에게만 부여되던 범주에서 벗어나, 정보적 관점에 따라 다양한 존재들에 대해 논의될 수 있음을 의미한다.

행위자의 기준

도덕적 행위자의 범위를 넓힐 수 있는지는 어떤 존재가 '행위자'로 인정될 수 있는가에 대한 기준에 달려있고,

이는 LoA에 따라 다르다. 예를 들어, 인간을 LoA1에서 '환경에 영향을 미치는 존재'로만 상정한다면, 그는 지진과 다를 바 없다. 그러나 지진은 도덕적 행위자로 간주되기 어렵기 때문에 LoA1은 많은 속성을 추상화하는, 지나치게 높은 수준의 LoA라고 볼 수 있다. 따라서 행위자를 규정하기 위해서는 몇 가지 속성을 LoA에 포함시켜야 한다. 행위자를 규정하기 위해 필요한 세 가지 기준은 다음과 같다(Floridi & Sanders, 2004).

첫째, '상호작용성'은 행위자와 환경이 서로 영향을 주고받는 능력을 말한다. 예를 들어, 입력이나 출력처럼 한쪽에서 신호를 주고받는 경우뿐 아니라, 두 물체 사이의 중력 작용처럼 동시에 힘을 주고받는 경우도 이에 해당한다. 둘째, '자율성'은 행위자가 외부 자극에만 반응하는 것이 아니라, 스스로 내부적으로 상태를 바꿀 수 있는 능력을 뜻한다. 즉 행위자는 최소 두 가지 이상의 상태를 가지고 있어야 하며, 이 때문에 기계적 반응을 넘어 일정한 복잡성과 환경으로부터의 독립성을 지니게 된다. 셋째, '적응성'은 행위자가 경험을 통해 상태 변화를 일으키는 규칙 자체를 수정할 수 있는 능력이다. 이는 행위자가 같은 상황에서도 이전 경험을 반영해 다른 방식으로 반응할 수 있다는 것을 보여 준다. 이는 행위자가 동일한 상황에 직면했을 때에도 과거의 경험을 토대로 새로운 방식으로 반응할 수 있다는 것을 의미한다(Floridi & Sanders, 2004).

이처럼 적절한 LoA에서 행위자를 효과적으로 규정하려면 상호작용성, 자율성, 적응성이라는 세 조건을 포함해야 하며, 이 조건들이 어떤 수준에서 어떻게 충족되는지에 따라 대상은 단순한 사물에서 진정한 행위자에 이르기까지 구분될 수 있다. 이는 행위자성(agenthood) 개념이 LoA에 의존적이라는 점을 분명히 하며, 더 나아가 인간을 넘어선 다양한 존재에게도 도덕적 행위자 지위를 확장할 수 있는 가능성을 시사한다.

AMA의 수준과 도덕성

인공적 도덕 행위자(Artificial Moral Agent, AMA)란 무엇일까? '도덕적 행위자'가 스스로 선하거나 악한 행동을 수행할 수 있는 존재이며, 동시에 도덕적 의무를 가진다는 점을 고려했을 때(Floridi & Sanders, 2004), AMA는 스스로 도덕적 결정을 내리는 인공적 행위자, 즉 로봇을 가리키는 것이라고 할 수 있다(최현철 외, 2016). 플로리디와 샌더스(Floridi & Sanders, 2004)는 앞서 제시한 행위자 조건을 토대로 도덕적 행위자로서의 AA, 즉 AMA를 설명하고 있다. 플로리디와 샌더스(Floridi & Sanders, 2004)에 의하면 행위자 조건을 모두 만족시키는 대상이 있을 때, 이들이 도덕적 선과 악을 일으킬 수 있다면 도덕적으로 자격이 있다고 말할 수 있으며, 행위자는 도덕적으로 자격이 있는 행동을 할 수 있는 경우에만 도덕적 행위자라고 할 수 있다고 주장한다. 즉, AA가 행위에 대한 자기 원인을 가진다면, 또한 이들의 행위가 도덕적 이유에 근거한다면 도덕적 행위자로서의 자격을 갖게 된다는 것이다. 이러한 논의는 도덕적 의무를 지니는 행위자의 규정 범위를 확장하는 것과 동시에 그에 대한 책임 주체의 범위 또한 넓히는 시도라고 볼 수 있다.

이와 관련하여 제임스 무어(James Moor)는 AMA에 도덕 규범을 프로그래밍하는 수준에 따라 그 유형을 다음과 같이 분류하였다(목광수, 2018). 1단계인 '윤리적 영향 행위자 단계'는 AMA가 직접적인 의도 없이도 결과적으로 윤리적 영향을 미치는 경우를 의미한다. 예컨대 카타르에서 어린이들이 위험한 낙타 기수 일을 대신하도록 투입된 로봇이 이에 해당한다. 로봇 자체는 도덕적 판단 능력이 없지만, 결과적으로 아동을 위험한 노동에서 해방시켰다는 점에서 윤리적 영향을 가져온 것으로 볼 수 있는 것이다. 2단계인 '암묵적 윤리 행위자 단계'는 부정적 윤리적 결과를 초래하지 않도록 설계된 경우다. 예를 들어, ATM 기기가 잔액과 일일 한도를 고려하여 적정 금액만 입출금하도록 제한하는 시스템이 이에 속한다. 3단계는 '명시적 윤리 행위자 단계'로 AMA가 윤리적 기준을 시스템 내부에 포함하고, 이를 바탕으로 스스로 추론하여 윤리적 결정을 내릴 수 있는 수준을 가리킨다. 4단계인 '완전한 윤리 행위자 단계'는 AMA가 명확한 도덕적 판단을 내리고 그 근거까지 제시할 수 있는 단계로, 의식 · 의도성 · 자유 의지와 같은 능력이 전제된다. 이는 사실상 인간 행위자와 동등한 수준이라고 할 수 있으며, 무어는 현실적으로 AMA가 도달해야 할 목표는 세 번째 단계인 '명시적 윤리 행위자 단계'라고 지적한다(목광수, 2018).

그렇다면 AMA의 단계를 구분하는 '도덕성'에 대한 기준은 어떻게 설정할 수 있을까? 플로리디와 샌더스(Floridi & Sanders, 2004)는 도덕성을 정의할 때 도덕적 임계값(moral threshold)을 설정하고, 이를 통해 행위자의 도덕성을 추상화 수준(LoA)에서 평가할 수 있다고 주장한다. 특정 LoA에서 행위자는 미리 합의된 수치(tolerance, 허용 오차)에 따라 도덕적으로 훌륭하다고 간주될 수 있다는 것이다. 그러나 AA가 고려되는 LoA에서는 원칙적으로 모든 관찰 가능한 변수들을 수학적으로 기술할 수 있지만, 실제 행위자에 적용되는 임계값은 완전히 정량화되기 어렵다. 따라서 이러한 기준은 사회적 합의에 의해 부분적으로 설정될 수 있다. 예를 들어, 미래형 온도 조절기가 환자들이 동의한 행복의 범위 내에서 복지를 유지한다면 이는 도덕적으로 선한 행위로 평가된다. 반대로 웹봇이 메시지를 잘못 필터링할 경우 이는 비도덕적 행위로 간주될 수 있으며, 이때 임계 함수는 잘못 필터링된 메시지의 수로 나타낼 수 있다(Floridi & Sanders, 2004). 결국 도덕적 임계값은 객관적으로 고정된 수치가 아니라, 맥락적 LoA와 사회적 합의에 의해 규정되는 상대적 기준이라고 할 수 있다.

이처럼 플로리디와 샌더스의 논의는 LoA라는 분석 틀을 통해 행위자성을 규정하고, 이를 토대로 상호작용성 · 자율성 · 적응성의 세 가지 기준을 충족하는 존재를 도덕적 행위자로 간주할 수 있음을 보여 준다. 또한 무어가 제시한 AMA의 네 단계는 인공지능이 단순한 도구적 장치에서 점차 윤리적 판단 능력을 갖춘 주체로 발전할 수 있는 가능성을 체계적으로 제시한다. 그러나 동시에 도덕적 임계값의 설정과 판단 기준은 맥락적이고 합의적일 수밖에 없다는 점에서, AMA의 도덕적 지위를 인정하는 과정은 본질적으로 사회적·윤리적 합의의 문제임을 드러낸다. 따라서 인공지능을 도덕적 행위자로 논하는 것은 기술적 가능성을 검토하는 차원을 넘어, 윤리적 행위자의 의미 자체에 대한 근본적인 물음을 제기한다고 볼 수 있다.

참고문헌

권누리(2024). "초등 도덕과에서의 인공지능윤리교육 방안 연구: 인공적 도덕 행위자(AMA) 논의를 중심으로". 《초등도덕교육》, 87~108쪽.

목광수(2018). "인공적 도덕 행위자 설계를 위한 고려사항". 《철학사상》, 361~391쪽.

목광수(2023). 《루치아노 플로리디, 정보 윤리학》. 커뮤니케이션북스.

신동의(2023). "인공지능시대의 도덕교육 연구". 《교원교육》, 39(3), 29~48쪽.

최현철 외(2016). "인공적 도덕행위자(AMA) 개발을 위한 윤리적 원칙 개발-하향식 접근(공리주의와 의무론)을 중심으로". 《倫理硏究》, 1(111), 31~53쪽.

Floridi, L.(2008). The method of levels of abstraction. *Minds and Machines, 18*(3), pp.303~329.

Floridi, L. & Sanders, W.(2004). On the Morality of Artificial Agents. *Minds and Machines, 14*(3), pp.349~379.

04
AI의 동작 원리

초기의 인공지능은 사람이 직접 규칙을 입력하는 '규칙 기반 시스템'이었으나, 이는 대규모 데이터 처리에 한계가 있었다. 이후 기계 학습과 인공 신경망이 등장해 딥러닝으로 발전하면서 이미지 · 언어 · 음성 인식 등에서 탁월한 성과를 보였고, 생성형 AI로까지 이어졌다. 그러나 기계 학습은 인간의 개입 없이 작동하기 때문에 데이터에 내재된 오류나 편향이 그대로 학습될 수 있다는 윤리적 문제가 뒤따른다.

청각장애인과 AI?

규칙 기반 시스템

20세기 후반에 등장한 초기 인공지능은 특정 영역의 데이터를 미리 확보한 뒤, 사람이 정한 규칙을 프로그램 속에 입력하여 작동하는 방식이었다. 이러한 형태의 인공지능은 '규칙 기반 시스템(rule-based system)' 또는 '전문가 시스템(expert system)'이라 불리며, 인간이 설정한 규칙과 조건에 따라 문제를 해결하는 구조다(김진형, 2020). 이는 기계는 인간이 부여한 지시를 따르는 데 그치며, 독자적으로 의미를 해석하거나 미래의 결과를 예견할 수 있는 능력은 갖추지 못한다는 주장과 맥을 같이 한다. 실제로 당시 인공지능은 주어진 규칙과 데이터를 바탕으로 정답을 산출하는 수준을 크게 벗어나지 못했다. 스위스의 컴퓨터 과학자 니클라우스 비르트(Niklaus Wirth)가 1976년에 출간한 저서 제목 《알고리즘+자료구조=프로그램(Algorithms+Data Structures=Programs)》이 잘 보여 주듯이, 애초에 프로그램이란 알고리즘으로 대표되는 규칙과 자료 구조로 대표되는 데이터가 결합되어 성립하는 것으로 이해되었다(박상길, 2024).

규칙 기반 시스템은 지식을 조건과 결과의 연결로 표현하는 방식으로 설명할 수 있다. 조건 부분에는 규칙을 적용할 상황이 제시되고, 결과 부분에는 그 상황이 충족

될 때 내려야 할 판단이나 수행해야 할 행동이 서술된다. 예를 들어 "열이 나고 콧물이 있으면 감기로 본다"는 규칙이 있다고 하자. 여기에 "감기라면 아스피린을 처방한다"라는 규칙을 덧붙이면 "철수에게 열이 난다"와 "철수가 콧물이 난다"라는 사실에서 "철수는 감기다"라는 결론을 도출할 수 있으며, 더 나아가 "철수에게 아스피린을 처방해야 한다"라는 새로운 지침까지 이끌어낼 수 있다(김진형, 2020).

이와 같이 초기 인공지능의 경우, if-then 규칙이라고 부르는 수많은 규칙을 인간이 일일이 입력해야 했다. 이러한 if-then 구조, 즉 '만약-이라면-이다'라는 조건문은 초기 인공지능 기술에서 가장 널리 활용된 방법이었다. 그러나 이러한 방식에는 뚜렷한 한계가 존재했다. 규칙이 모두 인간에 의해 사전에 입력되어야 했기 때문에, 규칙에서 벗어나는 상황에서는 적절한 추론을 수행하지 못하는 문제가 발생한 것이다(박상길, 2024). 이처럼 초기 인공지능의 규칙 기반 접근은 지식과 규칙의 완전한 선행 없이는 자율적 추론이 불가능하다는 한계를 드러내며, 인공지능의 자율성과 확장 가능성을 확보하기 위해 새로운 학습 패러다임이 필요함을 보여 준다.

기계 학습

규칙 기반 시스템은 우선 여러 출처로부터 데이터를 확보한 뒤, 인간의 개입을 통해 이를 분석하고 주요한 패턴이나 특성을 도출한다. 이렇게 도출된 요소들은 지식 데이터베이스에 체계적으로 축적되며, 이후 인공지능이 문제를 해결하는 과정에서 규칙과 지식으로 활용된다. 하지만 이러한 방식은 데이터 해석 과정에서 인간의 직접적인 개입이 요구되므로 처리 시간이 길어지고, 특히 대규모 데이터 분석에는 비효율적이라는 한계가 있다. 이러한 한계를 극복하기 위해서는 자동으로 학습하고 데이터를 분석할 수 있는 인공지능 기술의 발전이 필요하게 되었고, 그 결과 등장한 것이 '기계 학습(Machine Learning)'이다(김진형, 2020).

기계 학습은 말 그대로 컴퓨터가 스스로 학습하는 과정을 뜻한다. 사람처럼 규칙을 직접 입력하는 방식이 아니라, 방대한 데이터를 분석하면서 그 안에서 규칙을 스스로 발견해 낸다. 이로 인해 다양한 변형이나 예외적 상황까지도 데이터 기반으로 포착할 수 있게 되었으며, 결과적으로 기존 규칙에 얽매이지 않고 새로운 추론을 수행할 수 있게 되었다(박상길, 2024). 이처럼 기계 학습은 대량의 데이터를 스스로 분석하여 패턴을 학습할 수 있는 능력을 지니고 있으며, 인간의 개입 없이 학습이 가능하다는 점에서 기존의 규칙 기반 인공지능과 구별된다.

기계가 스스로 학습하여 특정 분야의 인식 모델을 만들어 내는 방법에는 여러 가지가 있는데, 그중 가장 널리 알려진 방식이 인공 신경망(Artificial Neural Network)이다. 인공 신경망은 인간의 뇌와 신경세포(뉴런)의 작동 원리를 본떠 설계된 학습 방법으로, 정보를 처리하고 의사 결정을 내리는 방식을 기계에 적용하려는 시도에서 출발했다(김진형, 2020). 규칙 기반 시스템에서는 사람이 데이터를 분석해 특징과 기준을 정한 뒤 이를 프로그램에 입력해야 하지만, 인공 신경망은 기계가 방대한 데이터를 바탕으로 스스로 특징과 기준을 추출하여 학습과 추론을 수행한다. 이는 인공지능이 인간이 부여한 규칙에 의존하는 단계에서 벗어나, 데이터로부터 스스로 지식을 찾아내는 방식으로 발전했음을 보여 준다.

AI 기술의 발전과 딥러닝의 등장

최근 각광을 받고 있는 딥러닝 기법도 70여 년 전에 알려진 인공 신경망 기법의 연장선에 있다(김진형, 2020). 그러나 당시에는 학습에 활용할 수 있는 데이터가 부족하고, 컴퓨터의 연산 능력이 충분하지 않았기 때문에 신경망 기법이 실질적으로 큰 성과를 내기 어려웠다. 그 결과 인공 신경망은 한동안 연구의 주류에서 벗어나 있었지만 이론적 탐구는 계속 이어졌다.

21세기에 들어 AI를 둘러싼 상황은 근본적으로 달라졌다. 인터넷과 디지털 환경에서 축적된 방대한 데이터가 학습 자료로 제공될 수 있게 되었고, 동시에 컴퓨터 성능이 비약적으로 발전하면서 과거에는 처리할 수 없었던 연산이 가능해졌다. 이러한 변화는 인공 신경망의 가능성을 다시 부각했으며, 기존보다 훨씬 더 깊고 복잡한 구조를 설계할 수 있는 토대를 마련했다. 이렇게 층(layer)과 노드(node)의 수를 크게 늘려 복잡한 패턴을 학습할 수 있도록 만든 방식이 바로 딥러닝(Deep Learning)이다(Vijaychandra et al., 2018). 딥러닝은 단순히 규칙을 적용하는 수준을 넘어, 수많은 층을 거치면서 데이터 속에 숨어 있는 미묘한 패턴과 관계를 스스로 찾아내는 능력을 가진다.

예를 들어, 이미지 인식에서는 사람 얼굴의 윤곽, 눈·코·입의 위치, 더 나아가 표정의 차이까지 구별해 낼 수 있다. 실제로 2014년 페이스북은 딥러닝 기술을 활용해 9개의 층과 1억 2000만 개의 연결로 이루어진 안면 인식 시스템을 개발했다. 이 시스템은 4000명의 사진 400만장을 학습했을 때 무려 97.35%의 정확도를 기록했는데, 이는 인간의 인식률과 거의 비슷한 수준이었다(김진형, 2020).

딥러닝은 이렇게 데이터를 분류하거나 인식하는 데 뛰어난 성능을 보이지만, 최근에는 한 걸음 더 나아가 새로운 데이터를 만들어 내는 기술로 확장되었다. 이를 생성형 AI(Generative AI)라고 부르며, 대표적인 사례가 OpenAI의 ChatGPT다. 생성형 AI는 방대한 데이터를 학습한 뒤, 학습한 패턴을 바탕으로 새로운 텍스트, 이미지, 음성 등을 만들어 낼 수 있다. 예컨대 ChatGPT는 이전에 배운 언어 패턴을 활용해 마치 사람처럼 자연스럽게 대화를 이어갈 수 있는 것이다. 이러한 챗GPT의 가장 큰 특징 중 하나는 약 1750억 개의 매개 변수를 보유하고 있다는 점이다. 매개 변수는 인공 신경망에서 뉴런 간 연결의 강도를 나타내는데, 이는 인간 뇌에서 시냅스의 연결 강도와 비슷한 역할을 한다. 인간 뇌에는 약 100조 개의 시냅스가 있다고 알려져 있어, 매개 변수의 수만 놓고 보면 챗GPT는 아직 신생아의 수준으로 비유되기도 한다. 그러나 챗GPT는 인간의 뇌가 생명 유지, 감정, 운동 등의 다양한 기능을 수행하는 것과 달리, 모든 계산 자원을 언어 처리에 집중함으로써 인간 평균 이상의 언어 능력을 보여 주기도 한다(맹성현, 2024).

이처럼 AI의 발전사는 사람이 규칙을 직접 부여하던 초기 단계에서 기계가 스스로 학습하고 나아가 새로운 데이터를 창출하는 단계로까지 확장되는 과정이라 할 수 있다. 인공 신경망의 구조적 심화와 컴퓨팅 자원의 비약적인 향상은 딥러닝의 등장을 가능케 했으며, 이는 다시 생성형 AI라는 새로운 패러다임으로 이어졌다. 특히 ChatGPT와 같은 거대 언어 모델은 인간과 비교했을 때 여전히 제약을 지니지만, 특정 영역에 집중된 연산 능력을 통해 인간 수준을 능가하는 성취를 보여 주고 있다. 이러한 흐름은 인공지능이 도구의 수준에 그치는 것이 아니라 지식의 탐구와 생산 방식 전반을 재편할 잠재력을 지니고 있음을 시사한다. 더불어, 과거의 규칙 기반 시스템이 인간의 개입을 통해 기준을 설정했던 것과 달리, 기계 학습 이후의 AI는 데이터에 내재된 오류와 편향을 그대로 학습할 수 있다는 점에서 새로운 윤리적 문제를 야기할 수 있다. 이에 향후 AI의 발전은 기술적 진보와 함께 그에 대한 윤리적 문제에 대한 성찰이 더욱 강조되어야 할 것이다.

참고문헌

권누리(2024). “인공지능 동작 원리에 기초한 초등 도덕과 인공지능 윤리교육 방안 연구: 데이터 편향성 문제를 중심으로”. 《초등교육연구》, 37(4), 1~25쪽.

김진형(2020). 《AI 최강의 수업》. 매일경제신문사.

맹성현(2024). 《AGI 시대와 인간의 미래》. 헤이북스.

박상길(2024). 《비전공자도 이해할 수 있는 AI 지식》. 비즈니스북스.

Vijaychandra, J. et al.(2018). A Review on the Application of Artificial Neural Networks on Communication Systems. *Journal of Switching Hub, 3*(3), pp.22~25.

05
AI의 편향성 문제

초기 규칙 기반 시스템 방식의 경우 인간의 개입이 필수적이었다면, 인공 신경망과 딥러닝 중심의 기계 학습은 데이터를 스스로 학습하여 처리하는 방식으로 인간의 개입이 최소화된다. 따라서 기계 학습을 바탕으로 한 인공지능은 데이터 샘플링 과정에서, 알고리즘 그 자체에서, 처리 결과를 인간이 이해할 수 있는 기호 언어로 변환하는 과정에서 오류와 편향의 문제가 발생하고 심화될 수 있다.

AI 콘텐츠 크리에이터?

학습 데이터의 편향

AI는 인간 사회에서 수집된 방대한 데이터를 바탕으로 학습한다. 그런데 이 데이터에는 단순한 사실 정보뿐 아니라 사람들이 살아온 방식과 사회 제도, 문화적 배경이 함께 담겨 있다. 문제는 이러한 데이터 속에 과거의 차별이나 불균형한 시각도 그대로 들어 있다는 점이다(김진형, 2020; 김효은, 2022; 변순용, 2020; Shah & Sureja, 2025). 그 결과 AI가 이를 학습해 내놓는 판단이나 결과는 단순히 인간 사회의 편견을 반영하는 수준을 넘어, 오히려 그 편견을 강화하거나 확대시킬 가능성까지 갖게 된다. 이러한 점에서 AI는 인간 사회의 거울이라고 할 수 있다(김효은, 2022). 다시 말해 AI는 학습한 데이터를 토대로 새로운 문제를 해석하고 의사 결정을 내리기 때문에(김진형, 2020), 데이터가 편향되어 있다면 결과 또한 편향될 수밖에 없다.

예를 들어 아마존은 이력서를 자동으로 평가해 지원자 중 적합한 인재를 선별하는 AI 기반 채용 알고리즘을 개발했으나, 이 시스템이 여성 지원자에게 불리하게 작용한다는 사실이 밝혀져 폐기되었다. 그 원인은 과거 10년간의 채용 데이터에 있었다. 이 데이터는 주로 남성 채용 기록을 기반으로 하고 있었고, 알고리즘은 이를 학습하면서 '여성'이라는 단어가 포함된 이력서를 배제하는 방향으로 작동하게 된 것이다(변순용, 2023).

학습을 위해 추출된 데이터가 특정 집단이나 인종에 편향되어 있는 경우에도 AI는 편향된 결과를 산출할 수 있다. 통계적 모델이 타당성을 가지려면 데이터가 모집단을 적절히 대표해야 하지만, 실제 데이터 수집 과정에서는 특정 집단이 과대 또는 과소 대표되는 경우가 자주 발생하기 때문이다(Ntoutsi et al., 2020). 통계학에서는 데이터 수집 과정에서 여러 형태의 편향이 발생할 수 있다고 본다. 가구원 수가 많은 집이 더 자주 표본에 포함되는 가구 편향(household bias), 설문에 응답하지 않아 생기는 무응답 편향(nonresponse bias), 조사원이 편의상 특정 집단만 표본으로 삼는 할당 추출 편향(quota sampling bias), 거짓 답변으로 인한 반응 편향(response bias) 등이 있다. 또한 특정 집단을 과도하게 뽑는 선택 편향(selection bias), 일부 집단을 누락하는 미포괄 편향(undercoverage bias), 자발적으로 참여한 사람의 의견만 반영되는 자발적 응답 편향(voluntary response bias), 질문 표현이 답변을 왜곡하는 언어 편향(word bias) 등이 대표적이다(변순용, 2020).

이러한 편향은 실제 사례로도 확인할 수 있다. 2015년

구글 포토에서는 아프리카계 미국인을 '고릴라'로 잘못 분류하는 심각한 오류가 발생했다. 이는 학습 과정에서 흑인 얼굴 데이터가 충분히 포함되지 않았던 데에서 비롯된 것으로, 구글은 이미지 데이터를 수집하고 분류하는 단계에서 백인과 흑인 얼굴의 비율을 적절히 맞추지 못한 점을 원인으로 지적하였다. 이와 유사하게, 니콘 카메라의 얼굴 인식 시스템이 아시아인의 얼굴을 '눈을 감았다'고 잘못 인식한 사례도 보고된 바 있다(김효은, 2022).

이와 같은 사례는 AI가 학습 데이터에 내재된 성별·인종·사회적 배경의 편향을 그대로 학습하고 재현할 수 있음을 보여 준다. 따라서 AI 학습 데이터는 단순한 기술적 자원이 아니라 윤리적 검증의 대상이 되어야 한다. 즉, AI의 편향은 학습 데이터의 특성과 직접적으로 연결되기 때문에(김효은, 2022), 데이터가 불공정하게 수집되거나 제대로 검증되지 않으면 그 왜곡이 AI의 결과에도 그대로 반영될 수 있다는 것이다. 따라서 이러한 문제를 줄이기 위해서는 공정하게 수집·검증된 데이터를 확보하기 위한 '데이터 윤리'가 필수적이다.

AI 알고리즘 설계 단계에서의 편향

편향은 AI 알고리즘의 설계 단계에서도 개입될 수 있다. 알고리즘 설계 단계에서 편향이 개입하면, AI는 필연적으로 왜곡된 결과를 산출하게 된다. 예를 들어, 미국 경찰이 사용한 범죄 예측 프로그램 '컴파스(COMPAS)'는 백인이나 부유층보다 흑인이나 빈민 지역 거주자의 재범 가능성을 더 높게 평가하는 결과를 내놓았다(김효은, 2022). 이는 모델이 특정 집단에 불리한 가중치를 적용하거나 과거 범죄 기록에 지나치게 의존한 결과로, 인종적 편견을 강화한 대표적 사례였다. 이 사건은 AI가 설계 단계에서부터 사회적 편견을 내재할 수 있음을 보여 주며, 알고리즘 개발 과정에서 공정성이 고려되어야 함을 시사한다.

알고리즘의 편향은 특히 딥러닝보다는 전통적인 기계학습 방식에서 더 두드러지게 나타난다. 대표적으로 결정 트리(Decision Tree)와 서포트 벡터 머신(support Vector Machine) 방식이 그러하다. 결정 트리는 나무 구조처럼 각 노드에서 제시된 기준을 따라 데이터를 분류한다. 이 과정에서 특정 집단과 관련된 분기 노드가 지나치게 많거나, 초기 분류 기준이 적절하지 않으면, 결과가 특정 집단으로 치우칠 수 있다(Liu et al., 2018; Ntoutsi et al., 2020). 서포트 벡터 머신은 데이터를 특정한 '특성 공간(feature space)'에 배치해 분류하는데, 이 공간을 어떻게 설계하느냐에 따라 결과의 성능과 편향 정도가 크게 달라진다(Liu et al., 2018).

딥러닝의 경우는 상황이 조금 다르다. 딥러닝의 경우, 신경망이 스스로 데이터를 분류할 특징(feature)을 생성하기 때문에 알고리즘 자체의 구조적 편향은 상대적으로 적다. 그러나 네트워크 구조의 한계나 과적합(overfitting) 때문에 또 다른 형태의 편향이 생길 수 있다.

이처럼 AI의 공정성과 신뢰성을 확보하려면 학습 데이터의 다양성과 대표성을 보장하는 데 그치지 않고, 어떠한 알고리즘을 선택하고 어떻게 설계하는가의 문제까지도 세심하게 검토하는 과정이 필요하다.

변환 과정에서의 왜곡 현상

AI에서 자연어 처리를 설명하는 대표적인 방법론은 크게 두 가지다. 하나는 기호주의(symbolism)이고 다른 하나는 연결주의(connectionism)다. 기호주의는 언어와 같은 기호 체계를 논리적 규칙과 연산으로 다루는 접근이다. 여기서는 지식을 문법 규칙이나 명시적 알고리즘의 형태로 표현하고, 이를 바탕으로 추론 과정을 거쳐 결론을 도출한다(이근배, 1993). 따라서 문법 기반의 규칙 체계로 텍스트를 분석하고 처리하는 데 강점을 가진다. 반면, 연결주의는 인공 신경망을 활용하여 데이터를 학습하는 방식으로, 명시적 규칙보다는 경험적 데이터에서 패턴을 찾아내는 데 주안점을 둔다. 특히 대량의 비정형 텍스트를 처리하는 데 효과적이라는 장점이 있다.

최근에는 이 두 방식을 결합한 뉴로심볼릭(Neuro-Symbolic) 접근이 주목받고 있다(노재승 외, 2021). 뉴로심볼릭 방식은 먼저 인공 신경망이 연결주의적 방법으로 1차적인 정보 처리를 수행한 뒤, 그 결과를 기호화하여 전통적인 기호주의 알고리즘으로 후처리하는 방식이다. 즉, 데이터 기반 학습의 장점과 규칙 기반 추론의 장점을 결합한 형태라 할 수 있다.

이 과정에서 중요한 문제는 변환 과정에서의 왜곡(distortion)이다. 인간은 정보를 언어와 같은 기호 체계를 통해 인식하고 표현한다. 반면, 인공 신경망은 연결주의적 방식으로 수많은 매개 변수와 가중치를 통해 데이터를 처리한다. 따라서 딥러닝이 생성한 결과를 다시 인간이 이해할 수 있는 기호 언어로 바꾸는 과정에서 불가피하게 왜곡이 발생할 수 있다(김효은, 2022; Shah & Sureja, 2025). 이는 마치 아날로그 시계의 바늘 움직임을 디지털 숫자로 바꿀 때 생기는 오차와도 비슷하다.

특히 오늘날의 AI 프로그램들은 대부분 인공 신경망 기반으로 동작하기 때문에, 이러한 후처리 왜곡을 내포할 수밖에 없다. 왜곡이 발생하는 근본적인 이유는 신경망의 결괏값이 단지 신호 흐름의 계산 결과일 뿐, 그 자체로 의미를 담고 있지 않기 때문이다. 결국 이 결괏값을 인간과 소통 가능한 기호 언어로 변환하는 과정에서 의미의 왜곡이 생길 가능성이 높아진다.

따라서 이러한 변환 왜곡은 데이터 편향을 새롭게 만들어 내기보다는, 이미 존재하는 전처리 단계의 데이터 편향을 더 크게 증폭시키는 요인으로 작용할 수 있다 (Sheth et al., 2023). 이는 자연어 처리 AI의 신뢰성을 확보하기 위해, 단순히 학습 데이터의 품질을 관리하는 것뿐 아니라 알고리즘의 변환 과정에서 발생하는 왜곡 가능성까지 함께 고려해야 함을 시사한다.

AI의 편향성 개선 방안

앞서 살펴본 바와 같이, AI의 편향이 발생하는 원인은 크게 세 가지다. 첫째, 학습 데이터에 이미 내재된 편향, 둘째, 알고리즘 설계 과정에서 생기는 편향, 셋째, 신경망의 결과를 인간이 이해할 수 있는 기호 언어로 변환하는 과정에서 나타나는 왜곡이다(Shah & Sureja, 2025). 특히 딥러닝 방식에서는 데이터 편향을 단순히 반영하는 데 그치지 않고 이를 증폭시킬 수 있으며, 결과 해석 단계에서 또 다른 왜곡을 낳기도 한다. 나아가 이렇게 왜곡된 산출물이 다시 학습 데이터로 축적되면, 편향은 순환적으로 강화된다. 따라서 이를 줄이기 위한 체계적인 대응이 필요하다.

이와 관련해 가장 많이 논의되는 방법은 전처리와 후처리다. 전처리(preprocessing)는 AI가 학습하기 전에 데이터를 정제하여 불공정하거나 불완전한 데이터를 최소화하는 방식이다(Ntoutsi et al., 2020). 이는 편향을 완전히 제거하기보다는 가능한 한 줄이는 데 목적이 있다. 이와 관련하여, 미국의 빅데이터 보고서나 UN의 데이터 윤리 원칙에서도 데이터의 공정성, 품질, 투명성 확보를 강조한 바 있다(변순용, 2020).

반면 후처리(post-processing)는 이미 생성된 결괏값을 검토 · 보정하는 단계로, 신경망이 만들어 낸 수치적 결과를 기호 언어로 변환하는 과정에서 발생하는 왜곡을 줄이는 데 초점을 둔다. 뉴로심볼릭 방식은 전처리와 후처리의 장점을 결합해 신경망 처리와 기호적 규칙 기반 추론을 보완적으로 활용하는 시도라 할 수 있다.

결국 AI의 편향 문제는 데이터, 알고리즘, 그리고 변환 과정이라는 복합적 요인에 의해 구조적으로 발생한다. 따라서 전처리와 후처리의 단편적 적용만으로는 충분하지 않으며, 두 접근을 상호 보완적으로 결합하여 다층적 수준에서 편향을 완화할 필요가 있다. 전처리는 데이터의 품질과 윤리성을 확보하는 기초 단계이며, 후처리는 산출물의 신뢰성과 투명성을 보장하는 최종 단계로 기능한다. 이러한 두 과정이 체계적으로 운영될 때, AI는 책임 있는 의사 결정을 지원하는 신뢰 가능한 기술로 기능할 수 있을 것이다.

참고문헌

권누리(2024). "인공지능 동작 원리에 기초한 초등 도덕과 인공지능 윤리교육 방안 연구: 데이터 편향성 문제를 중심으로". 《초등교육연구》, 37(4), 1~25쪽.

김진형(2020). 《AI 최강의 수업》. 매일경제신문사.

김효은(2022). 《인공지능과 윤리》. 커뮤니케이션북스.

노재승 외(2021). "A Knowledge Completion Approach using Rule Generation based on Neuro-Symbolic Method". 《정보과학회논문지》, 48(4), 425~433쪽.

변순용(2020). "데이터 윤리에서 인공지능 편향성 문제에 대한 연구". 《倫理硏究》, 1(128), 143~158쪽.

변순용(2023). "데이터윤리의 의미와 원칙에 대한 연구". 《초등도덕교육》, 189~213쪽.

이근배(1993). “자연어 처리에 있어서 연결주의와 기호주의의 비교”. 《정보과학회논문지》, 20(8), 1230~1238쪽.

Liu, Z. et al.(2018). Application of machine-learning methods in forest ecology: recent progress and future challenges. *Environmental Reviews, 26*(4), pp.339~350.

Ntoutsi, E. et al.(2020). Bias in data-driven artificial intelligence systems—An introductory survey. *Wiley Interdisciplinary Reviews: Data Mining and Knowledge Discovery, 10*(3), e1356.

Shah, M. & Sureja, N.(2025). A comprehensive review of bias in deep learning models: Methods, impacts, and future directions. *Archives of Computational Methods in Engineering, 32*(1), pp.255~267.

Sheth, A. et al.(2023). Neurosymbolic artificial intelligence (why, what, and how). *IEEE Intelligent Systems, 38*(3), 56~62.

06
투명한 AI

인공지능의 판단 과정이 불투명하다는 이른바 '블랙박스' 문제는 AI의 신뢰성과 책임성을 위협하는 주요 쟁점으로 지적되어 왔다. 이러한 문제의식 속에서 등장한 '설명 가능한 인공지능(XAI)'은, AI가 자신의 판단 근거를 사용자에게 명확히 설명할 수 있도록 설계된 기술적 접근을 의미한다.
설명 가능한 AI는 사용자 중심의 설명, 정확성과 해석 가능성 간의 균형, 추상화 기반 설명, 모델의 역량과 한계를 드러내는 기능 등의 다양한 쟁점을 포함한다.

AI와 민주주의?

기계 학습의 한계, 블랙박스

기계 학습(Machine Learning)은 AI의 핵심 기술로, 명시적인 프로그래밍 없이도 데이터를 통해 스스로 학습하고 예측하는 능력을 갖춘 알고리즘이다. 이는 전통적인 규칙 기반 시스템과는 달리, 반복 학습을 통해 성능을 개선하고 복잡한 문제 해결에 기여할 수 있다는 점에서 큰 주목을 받아왔다. 그러나 이러한 기계 학습 또한 본질적인 한계와 문제점을 지니고 있는데, AI의 의사 결정 과정을 설명하기 어렵다는 점이다.

기계 학습으로 구축된 AI의 심층 신경망은 확률 기반의 판단을 여러 계층에 걸쳐 반복하며 결과를 도출한다. 이 과정은 수많은 확률적 연산이 중첩된 복잡한 구조로 이루어져 있어, AI가 어떤 기준과 특성에 따라 판단을 내렸는지를 인간이 이해할 수 있는 방식으로 표현하기 어렵다. 이러한 이유로 AI는 흔히 '블랙박스(black box)' 시스템이라 불리며, 이는 곧 AI의 결정 과정을 인간의 언어로 설명하는 것이 사실상 불가능함을 의미한다(김진형, 2020).

예컨대 심층 신경망을 활용하는 딥러닝 기계 학습 알고리즘은 기술적으로는 구현 방식을 이해할 수 있을지라도, AI가 특정한 판단이나 행동을 어떤 절차를 거쳐 도출했는지는 파악할 수 없다는 것이다. 이는 정보 처리의 기준과 과정을 알 수 없다는 것뿐만 아니라, 판단 결과에 오류가 있거나 법적 · 도덕적 문제가 발생했을 때 책임의 주체를 명확히 밝히기 어렵다는 점에서 심각한 문제를 야기한다(권누리, 2024). 결국 이러한 구조적 불투명성 속에서 AI 의사 결정 절차에 대한 설명 가능성을 요구하는 것이 바로 '투명성'의 핵심이며(김효은, 2022), 이때 '투명하다'라는 것은 딥러닝 모델이 인간이 이해할 수 있을 만큼 표현력이 충분할 때를 의미한다(Das & Rad, 2020). 이러한 투명성은 AI의 판단과 행동에 대한 신뢰와 책임성을 확보하는 데 주요한 조건이다.

투명한 AI의 필요성

2016년 AI 바둑 프로그램 '알파고(AlphaGo)'는 인간이라면 쉽게 상상할 수 없는 수를 두며 세계 최정상 기사들을 압도하였다. 당시 알파고가 보여 준 전략적 수순은 인간의 직관과 완전히 다른 방식으로 전개되어 "기계가 창의성을 가질 수 있는가"와 같은 논쟁을 불러일으키기도 했다. 그러나 더욱 주목할 점은 그 놀라운 수들을 만들어 낸 알고리즘의 내부 작동 원리를 개발자들조차 명확히 설명하지 못했다는 사실이다. 알파고는 방대한 데이터를 학습하고 스스로 대국을 반복하면서 확률적으로 최적의 선택을 찾았지만, 그 판단이 어떠한 연산과 기준을 거쳐 도출된 것인지는 인간이 완전히 파악할 수 없다. 이는 인공지능의 판단이 인간의 통제와 이해를 벗어난 영역에서 이루어질 수 있음을 보여 주는 사례로, AI 기술이 성능의 향상만큼이나 설명 가능성과 투명성을 갖추어야 하는 이유를 보여 준다.

이뿐만 아니라 오늘날 AI는 인간의 의사 결정과 사회제도의 운영에도 깊숙이 관여하고 있다. 의료 진단, 채용 심사, 금융 대출, 재판 예측 등과 같은 영역에서 AI의 판단은 개인의 삶과 권리에 직접적인 영향을 미친다. 그러나 딥러닝을 설계한 전문가조차 AI가 어떤 절차를 거쳐 최종 판단에 이르는지 명확히 설명하지 못한 채 그 결과에 의존하고 있다. AI가 사람을 대신해 중대한 결정을 내리는 상황에서도 그 판단의 근거와 과정을 인간이 파악할 수 없다면, 이는 기술이 인간의 통제력을 넘어선 매우 심각한 단계라 할 수 있다(김진형, 2020).

투명한 AI가 요구되는 또 다른 이유는 이른바 '기술적 특이점(singularity)' 문제와 관련된다. 이는 인공지능이 인간의 지능 수준을 초월하는 시점을 의미하는데, 현재와 같은 속도로 기술이 발전한다면 머지않아 그 지점에 도달할 수 있다는 전망이 제기되고 있다. 미국의 미래학자이자 구글의 기술 이사인 레이 커즈와일(Ray Kurzweil)은 기술이 기하급수적으로 진화하면서, 결국 인간이 기계와 결합해 초지능(super intelligence) 단계에 도달할 것이라고 예측하였다. 그는 이러한 전환점에 이르면 AI가 스스로 연구하고 결정을 내리게 되며, 인간은 그 결과를 완전히 이해하거나 통제하기 어려워질 것이라고 경고한다(김대균, 2025).

이러한 맥락에서 유럽연합이 2019년에 '신뢰할 수 있는 인공지능을 위한 윤리 가이드라인'을 발표한 것이나(김대균, 2025), AI 윤리 원칙을 제안한 플로리디와 카울스(Floridi & Cowls, 2019)가 '설명 가능성의 원칙'을 강조한 것은 인공지능 윤리라는 퍼즐에서 그동안 빠져 있던 중요한 조각을 맞추는 일이라 할 수 있다(권누리, 2024). 설명 가능성이 확보되지 않으면, 공정성이나 책임성과 같은 기존의 윤리 원칙들도 실제로 검증하거나 실현하기 어렵기 때문이다.

즉 AI가 인간의 결정을 대신하거나 보조하는 과정에서는 그 판단이 어떤 근거와 절차를 거쳐 도출되었는지를 이해하고 설명할 수 있어야 한다. 특히 인공지능의 활용이 정의롭고 정당하게 이루어지기 위해서는, 예상치

못한 결과가 발생했을 때 그 원인과 근거를 밝히고 책임을 질 주체가 누구인지 명확히 규정할 수 있어야 한다. 이를 위해서는 AI의 의사 결정 과정이 사후적으로라도 이해 가능하도록 설계되어야 할 것이다(이한슬 · 천현득, 2021).

설명 가능한 AI의 실현 방안 및 과제

오늘날 AI는 분야를 가리지 않고 높은 수준의 지능 서비스를 제공할 뿐만 아니라 의료 · 금융 · 자율주행 등과 같은 고위험 작업의 민감한 의사 결정 단계에도 적용되기 시작하였다. 그러나 이러한 AI는 그 놀라운 결과물에도 '왜 그런 결정을 내리게 되었는지'를 설명하지 못하는 블랙박스(black box)의 특성을 갖고 있어서 적지 않은 문제를 야기하고 있다. 다시 말해 AI 결과물 자체를 막상 공식화하는 단계에서는 신뢰성의 의문, 윤리적 문제, 법적 책임의 불명확성 등의 이유 때문에 최종 선택을 주저하는 상황이 벌어지고 있다.

이러한 한계를 극복하기 위해 최근에는 AI가 학습 과정에서 스스로 판단의 근거와 과정을 함께 기록하고 제시할 수 있도록 설계된 '설명 가능한 인공지능(Explainable Artificial Intelligence, XAI)'에 대한 연구가 활발히 이루어지고 있다(김효은, 2022). 대표적으로 미국 국방고등연구계획국(DARPA)은 2017년부터 '설명 가능한 AI(XAI)' 프로젝트를 추진하고 있으며, 이 연구는 AI가 도출한 결과뿐 아니라 그 판단에 이르는 추론 과정과 근거를 시각적·언어적으로 표현할 수 있는 기술 개발을 목표로 하고 있다(박대호, 2023).

"설명 가능한 AI"가 되기 위해서는 AI 내부의 작동 과정을 사람이 이해하고 소통할 수 있는 언어로 표현할 수 있어야 한다. 그러나 오늘날의 AI 시스템은 대부분 인공신경망을 기반으로 한 딥러닝 기술에 의존하고 있어서 본질적으로 설명이 어려운 구조를 가지고 있다. 이는 신경망이 언어가 아닌 수많은 비언어적 신호의 흐름을 처리하는 방식으로 작동하기 때문에 발생한다. 역사적으로 보면 20세기의 AI는 지금과 달리 '설명이 가능한 AI' 시대였다. 그 이유는 당시의 AI가 언어적 규칙과 논리, 즉 알고리즘을 기반으로 한 기호적(symbolic) 방식으로 작동했기 때문이다. 이러한 접근을 '기호주의(Symbolism)'라고 하며 반대로 오늘날의 신경망 중심 AI는 '연결주의(Connectionism)'라고 부른다. 결국 '설명 가능한 AI'를 구현한다는 것은 현재의 비언어적 연결주의 시스템에 덧붙여 언어적 사고를 가능하게 하는 기호주의적 요소를 융합하는 과정이라고 볼 수 있다.

인류의 진화 과정에서도 네안데르탈인에 비해 고수준의 언어로 소통할 수 있었던 호모 사피엔스는 앞선 좌뇌의 기호주의 언어 지능으로 자신의 생각을 타인과 공유할 수 있는 '설명 가능한 지능'의 소유자였다. 이러한 결정적인 차별점은 먼저 등장하고 번성했던 네안데르탈인이 멸종하고 호모 사피엔스가 현생 인류로 진화하는 근본적인 동기가 되었다고 한다. 이처럼 완전한 지능의 완성은 자신의 두뇌의 인지 작용을 타인과 공유하는 '설명 가능한 지능'이어야 하며 "설명 가능한 AI"를 향한 노력의 정당성을 설명하고 있다고 하겠다.

'설명 가능한 AI'는 여러 쟁점과 도전 과제들을 안고 있다. 이와 관련한 내용은 다음과 같다(Gunning et al., 2019). 첫째, 설명의 출발점을 어디에 두어야 하는가에 대한 논의가 있다. 즉 AI가 계산적으로 가장 효율적인 방식으로 설명을 생성해야 하는지, 아니면 설명을 받아들이는 인간 사용자의 이해 수준과 배경 지식에 맞춰야 하는지를 두고 의견이 나뉠 수 있다. 특히 의료, 법률, 교육 등 고도의 전문성이 요구되는 분야에서는 사용자의 신뢰를 이끌어내기 위해 설명의 '사용자 맞춤형 설계'가 필수적이다. 이에 따라 설명 가능한 AI는 인간의 피드백을 수용하며 학습하는 '사람-중심 학습(human-in-the-loop learning)'과의 접점을 모색하고 있다.

둘째, 높은 정확도와 설명 가능성 간의 균형 문제도 주요 쟁점이다. 일반적으로 AI의 성능이 정교할수록 그 판단 근거를 해석하기는 더 어려워진다. 복잡한 신경망 구조일수록 높은 예측력을 갖지만, 왜 그런 결과가 나왔는지를 설명하기는 어려운 '블랙박스' 문제가 발생하는 것이다. 이에 XAI는 성능과 해석 가능성 사이의 최적 지점을 찾는 데 주력하고 있다.

셋째, 복잡한 판단 과정을 단순하고 직관적으로 설명하기 위한 '추상화(abstraction)' 기술이 요구된다. 추상화는 수많은 세부 연산을 하나의 개념적 틀로 정리함으로써 인간이 이해할 수 있는 형태로 설명을 단순화하는 방식이다. 그러나 이러한 고수준 패턴을 자동으로 추출하고 일반화하는 것은 현재로서도 기술적 난제에 속한다.

넷째, AI의 '판단'뿐 아니라 '능력'에 대한 설명이 필요하다는 점이다. 숙련된 전문가들이 새로운 상황에 직면했을 때 이를 반성적으로 조망할 수 있는 것처럼, AI 역시 어떤 능력을 가지고 있으며, 그 능력은 어떻게 측정할 수 있고, 어떤 한계나 맹점(blind spot)을 갖고 있는지를 사용자에게 설명할 수 있어야 한다. 예를 들어, AI가 특정 유형의 문제는 전혀 해결할 수 없는 구조적 한계를 갖고 있다면, 그것 역시 사용자에게 전달되어야 한다.

설명 가능한 인공지능에 대한 논의는, AI가 인간의 판단을 보조하는 협력자로서 신뢰와 책임을 갖춘 존재로 기능해 나가는 과정과 밀접하게 연결되어 있다. 특히 의료, 법률, 교육처럼 인간의 권리와 생명에 직결되는 분야에서는, AI의 판단이 어떤 정보와 절차를 통해 도출되었는지를 사용자가 이해할 수 있어야 한다. 이러한 맥락에서 설명 가능성은 AI가 무엇을 수행하고 있는지, 그리고 그 판단에 대해 누가 책임을 져야 하는지를 사회가 명확히 인식하고 검토할 수 있도록 하는 핵심 조건이라고 할 수 있다.

참고문헌

권누리(2024). "인공지능 동작 원리에 기초한 초등 도덕과 인공지능 윤리교육 방안 연구: 데이터 편향성 문제를 중심으로". 《초등교육연구》, 37(4), 1~25쪽.

김대군(2025). "인공지능 윤리에서 투명성의 원칙 고찰". 《윤리교육연구》, 373~396쪽.

김진형(2020). 《AI 최강의 수업》. 매일경제신문사.

김효은(2022). 《인공지능과 윤리》. 커뮤니케이션북스.

박대호(2023). "초등 도덕과를 통한 인공지능윤리교육: 인공지능의 불투명성을 중심으로". 《초등도덕교육》, 51~75쪽.

이한슬·천현득(2021). “인공지능 윤리에서 해명가능성 원리”. 《인문학연구》, 37~63쪽.

Das, A. & Rad, P.(2020). Opportunities and challenges in explainable artificial intelligence (XAI): A survey. arXiv preprint arXiv:2006.11371.

Gunning, D. et al.(2019). XAI—Explainable artificial intelligence. *Science Robotics, 4*(37), eaay7120.

07
안전한 AI 만들기

AI 기술의 빛과 그림자를 동시에 인식하는 것은 안전한 미래 사회를 설계하기 위한 출발점이다. AI는 유례없는 편리함을 제공하고 있지만, 그 이면에는 개인정보 유출, 딥페이크 등 인간의 존엄과 안전을 위협하는 윤리적 문제가 존재한다. 따라서 AI 기술을 맹목적으로 수용하기보다는 그 작동 방식과 사회적 영향력을 비판적으로 성찰하며 책임 있게 활용할 수 있는 지혜가 필요하다.

AI와 애니메이션?

AI 기술의 양면성

기술의 발전은 언제나 빛과 그림자를 동시에 지니고 있다. 증기기관은 산업혁명을 이끌었지만, 동시에 대기 오염과 노동 착취라는 문제를 낳았다. 인터넷은 전 세계를 연결하며 소통의 지평을 넓혔지만, 가짜 뉴스와 사이버 범죄라는 새로운 문제를 불러일으켰다. AI 기술 또한 예외는 아니다. AI는 의료, 교육, 행정 등 다양한 분야에서 어려운 업무를 대신 수행하며 전례 없는 편의를 제공하고 있다. 그러나 그 이면에는 개인정보 유출, 인간 소외, 딥페이크 영상, 자율 살상 무기와 같은 심각한 윤리적 문제가 존재한다. 중요한 것은 이러한 문제들이 단순한 기술적 부작용에 그치지 않고 인간의 삶과 사회 구조를 근본적으로 뒤흔들 수 있는 잠재력을 지닌다는 점이다.

따라서 AI 기술의 빛과 그림자를 동시에 인식하는 것은 안전한 미래 사회를 설계하기 위한 출발점이라고 할 수 있다. AI가 제공하는 편리함과 효율성에 안주하는 것이 아니라, 그 이면에 숨어 있는 위험을 분별하며 대비할 수 있어야 할 것이다.

개인정보 유출 및 프라이버시 침해

AI 기술은 오늘날 디지털 서비스의 중심에서 사용자 맞춤형 경험을 제공하고 있다. 온라인 공간에서 사용자의 행동 정보를 수집하고 학습하여 개인의 관심사에 최적화된 콘텐츠를 추천하고, 실시간 음성 · 텍스트 번역, 감성 분석, 자동 소통 등의 기능을 구현한다. 이러한 기술은 사용자 몰입도와 만족도를 높이는 데 기여하지만, 동시에 대량의 개인정보를 실시간으로 수집 · 분석 · 처리함으로써 개인정보 유출 및 프라이버시 침해 문제를 야기한다(신영진, 2025).

AI 기술이 삶 속에 깊숙이 스며들면서, 일상적으로 생성되는 디지털 흔적들까지도 프라이버시 보호의 주요 대상이 되고 있다. AI는 검색 기록, 위치 정보, 구매 이력처럼 겉으로 드러나지 않는 다양한 데이터를 결합해 개인의 정체성과 취향을 추론할 수 있기 때문이다. 서로 다른 데이터 조각들이 결합될 경우, 개인의 성향뿐 아니라 미래의 행동까지 예측하는 것이 가능해진다. 예를 들어, 검색 기록과 위치 정보는 자주 방문하는 병원이나 종교 활동과 같은 생활 패턴을 드러내며, 구매 이력과 접속 시간대를 통해 경제 수준이나 가족 구성, 직업 형태를 유추할 수 있다. 또한 클릭 패턴이나 시청 기록은 정치 성향, 소비 경향, 심지어 감정 상태까지 파악하는 단서가 되기도 한다.

개인정보의 보호와 AI의 유용성 확보 사이의 긴장은 2023년 3월, 이탈리아 개인정보 보호 당국이 챗지피티(ChatGPT)의 국내 사용을 일시 중단시킨 사건에서도 잘 드러난다. 당국은 챗지피티의 개발사인 오픈AI가 이용자의 개인정보를 수집 · 처리하면서 다음과 같은 문제를 야기했다고 판단했다. 첫째, 정보 주체에게 개인정보 처리에 관한 충분한 설명을 제공하지 않아 투명성 원칙을 위반한 점. 둘째, 수집된 개인정보를 AI 학습에 활용하는 행위에 대해 명확한 법적 근거가 부족하다는 점. 셋째, 챗지피티가 생성한 정보 중 일부가 부정확하거나 허위일 수 있어 개인정보 침해 가능성이 있다는 점. 넷째, 아동 이용자에 대한 보호 장치가 미흡하다는 점이다(김병필, 2023). 이러한 사례는 정보 주체가 자신의 정보를 어떻게 활용할지를 스스로 결정할 수 있는 권리, 즉 개인정보 자기 결정권이 AI의 학습 과정에서 어떻게 침해될 수 있는지를 잘 보여 준다.

개인정보 보호와 데이터 활용 사이의 균형점을 찾기 위한 대안으로서 '비식별화(de-identification)' 제도가 주목받아 왔다. 비식별화란 특정 개인을 직접 식별할 수 있는 정보를 삭제하거나, 알아볼 수 없도록 변환하여 개인정보 침해의 위험을 일정 수준 이하로 낮춘 정보를 개인정보가 아닌 것으로 간주하고, 이에 한해 정보 주체의 동의 없이도 활용을 허용하는 방식이다(전승재 외, 2016). 이 제도는 데이터 기반 연구 및 산업 활동의 활성화를 위해 일정한 유연성을 제공하려는 취지에서 도입되었으나, 그 실효성과 한계에 대해 상반된 평가가 공존한다. 일부에서는 이 방식이 기술적으로 완전하지 않으며, 다양한 외부 정보와 결합될 경우 재식별 가능성이 여전히 존재한다고 지적한다. 즉, 비식별된 데이터라도 하더라도, 다른 데이터와의 연계를 통해 특정 개인을 다시 식별할 수 있는 위험이 상존하며, 이는 개인정보 보호의 근본 취지를 훼손할 수 있다는 우려다. 또 다른 시각에서는 비식별 처리의 강도를 지나치게 높이면 데이터의 유용성이 현저히 낮아진다는 문제가 제기된다. 분석 과정에서 필요한 변수들이 사라지거나 왜곡되면, 통계적 신뢰도는 물론이고 AI 알고리즘의 학습 정확도 또한 감소하게 되며, 이는 결과적으로 데이터 기반 정책 개발이나 서비스 개선의 가능성을 제한하는 요인으로 작용할 수 있다는 것이다(김병필, 2023).

이에 대한 대안으로 개인정보 수준을 높이면서도 데이터 활용의 유용성을 유지하고 개선하기 위한 새로운 기술적 접근이 주목받고 있다. 이러한 시도들은 크게 '데이터 변형 접근법', '데이터 최소화 · 분산 접근법', '데이터 암호화 접근법', '가상 데이터 생성 접근법'으로 구분해 볼 수 있다(Kaissis et al., 2020).

첫째, '데이터 변형 접근법'은 원본 데이터를 직접 사용하지 않고, 개인 식별이 어렵도록 일부 정보를 수정하거나 일반화하여 처리한 후 AI 학습에 활용하는 방식이다. 예를 들어, 생년월일은 연도 단위로, 구체적인 주소는 시 · 군 단위로 변환하는 식이다. 둘째, '데이터 최소화 및 분산 처리 접근법'은 가능한 한 적은 양의 데이터만 수집하거나, 아예 데이터를 서버에 모으지 않고 각 사용자의 기기에서 AI를 학습시키는 방식이다. 대표적으로 연합 학습(federated learning)은 사용자 정보를 중앙 서버에 보내지 않으면서도 여러 사용자의 데이터를 활용해 AI를 함께 훈련할 수 있도록 한다. 셋째, '데이터 암호화 접근법'은 민감한 데이터를 암호화된 상태로 유지한 채, AI가 그 정보를 직접 보지 않고도 학습할 수 있도록 하는 기술이다. 이를 통해 개인정보를 드러내지 않으면서도 분석과 활용이 가능해진다. 마지막으로, '가상 데이터 생성 접근법'은 실제 데이터를 기반으로 통계적 특성을 반영한 새로운 인공 데이터를 만들어 사용하는 방법이다. 이렇게 생성된 '합성 데이터'는 원래의 개인정보를 포함하지 않기 때문에, 보다 안전하게 AI 학습에 활용할 수 있다(김병필, 2023).

이와 같이, 개인정보 보호와 AI 기술의 발전은 상충하는 선택이라기보다는 균형 속에서 동시에 추구해 나가야 할 목표라고 할 수 있다. 이를 위해서는 앞서 살펴본 바와 같이 데이터 활용의 목적과 위험 수준에 따라 적절한 규제 방법을 전략적으로 활용하는 것이 필요하다. 아울러, 정보 주체가 자신의 데이터 흐름을 인지하고 통제할 수 있도록 실질적인 권한을 보장하고, 데이터 수집부터 활용까지의 전 과정이 외부 감시와 검증이 가능하도록 운영의 투명성을 확보해 나가야 할 것이다.

딥페이크 기술과 과제

딥페이크(deepfake)는 인터넷에 축적된 방대한 시각 자료와 끊임없이 진화하는 머신러닝(Machine Learning) 기술을 기반으로 만들어지는 합성 미디어의 한 형태로, 새로운 형태의 정보 피해와 이미지 기반의 악용 가능성을 초래한다(McCosker, 2022). 딥페이크를 통해 원본 이미지나 영상을 기존 자료와 정교하게 결합하고 중첩함으로써 텍스트, 음성, 동영상, 이미지 등 다양한 형태에서 실제와 구별하기 어려울 만큼 사실적으로 보이지만 실제로는 조작된 결과물을 만들어 낼 수 있기 때문이다(정용복, 2024). 예컨대 오바마 전 미국 대통령이나 젤렌스키 대통령의 발언을 조작한 가짜 영상, 또는 여러 유명인의 얼굴을 노골적인 성적 이미지에 합성한 영상이 온라인상에 확산되는 사례는 딥페이크의 대표적 예로 꼽을 수 있다. 이처럼 딥페이크는 정치적 선전이나 여론 조작은 물론 포르노 등 성적 착취물 제작에도 악용될 수 있다는 점에서 심각한 사회 문제로 대두되고 있다.

그렇다면 딥페이크 문제에 대해 우리는 어떻게 대응할 수 있을까? 딥페이크 문제는 개발자와 플랫폼, 이용자 모두가 얽힌 구조적 현상으로 볼 수 있다. 따라서 기술적 조치나 법적 규제만으로는 문제를 해결하기 어렵기 때문에, 이용자 스스로 윤리적 판단과 비판적 수용 능력을 갖출 수 있도록 데이터 리터러시에 기반한 학습 문화가 필요하다(McCosker, 2024). 이는 AI 시대의 교육이 기술 활용 능력에 그치지 않고, AI의 작동 원리를 이해하고 그 사회적 함의를 비판적으로 성찰하며, 윤리적 영향을 고려해 판단할 수 있는 역량을 기르는 방향으로 확장되어야 함을 의미한다(McCosker, 2022; D'Ignazio & Bhargava, 2015). 특히 딥페이크 관련 교육에서는 딥페이크 제작과 활용의 기술적 원리, 데이터 조작의 위험성, 시각 정보의 신뢰성을 비판적으로 판별하는 능력을 함께 기르는 것이 필요하다. 이러한 학습은 개인의 인식 제고에 그치지 않고, 사회 전체가 책임 있는 데이터 활용 문화를 형성하는 기반이 될 수 있을 것이다.

참고문헌

김병필(2023). "인공지능 개인정보 보호 기술과 개인정보 보호 법제의 과제". 《법경제학연구》, 20(1), 113~151쪽.

신영진(2025). "AI연계 메타버스 서비스에서의 개인정보보호에 관한 연구: 전문가 대상 중요도 분석을 중심으로". 《한국지역정보화학회지》, 28(2), 111~145쪽.

전승재 외(2016). "개인정보 비식별 조치 가이드라인의 법률적 의미와 쟁점". 《정보법학》, 20(3), 259~290쪽.

정용복(2024). 《AI 미디어 리터러시 교육》. 커뮤니케이션북스.

D'Ignazio, C. & Bhargava, R.(2015). Approaches to building big data literacy. *Proceedings of the Bloomberg data for good exchange conference.*

Kaissis, G. A. et al.(2020). Secure, privacy-preserving and federated machine learning in medical imaging. *Nature Machine Intelligence, 2*(6), pp.305~311.

McCosker, A.(2022). Making sense of deepfakes: Socializing AI and building data literacy on GitHub and YouTube. *New Media & Society, 26*(5), pp.2786~2803.

08
AI의 윤리적 책임

인공지능의 자율성과 불투명성이 확대되면서 행위 결과에 대한 책임 주체가 불분명한 '책임 격차'가 발생한다.
이는 AI 시스템의 행위 결과가 발생했을 때, 그 누구도 완전한 책임을 질 수 없는 상태를 의미한다. 자율주행차의 경우, 사고 발생 시 책임 귀속이 모호하고, 자율 무기 체계는 인간의 개입 없이 생사 판단을 내림으로써 중대한 윤리적 문제가 발생할 수 있다.

AI와 인재 채용?

AI의 책임 문제

과거의 기계는 인간이 명령을 내리고, 그 결과가 예측 가능했기 때문에 책임은 항상 인간에게 귀속되었으나, AI처럼 스스로 학습하고 새로운 행동 방식을 창출하는 자율 시스템의 경우, 그 결과를 설계자나 사용자가 완전히 예측하거나 통제하기 어렵다. 이로 인해 "누가 책임을 져야 하는가?"라는 물음에 공백이 생기는데, 이를 독일의 철학자인 안드레아스 마티아스(Andreas Matthias)는 '책임 격차(responsibility gap)'를 통해 설명한다. 이때 '책임 격차'란 자율적인 AI 시스템의 행위 결과가 발생했을 때, 그 누구도 완전한 책임을 질 수 없는 상태를 의미한다. 이러한 격차가 생기는 이유는 다음과 같다(Matthias, 2004).

첫째, AI 시스템의 불투명성 때문이다. 전통적인 소프트웨어는 사람이 모든 명령어를 직접 작성하고, 작동 과정을 명확히 파악할 수 있었다. 반면 인공 신경망 기반의 AI는 내부 과정이 수치화된 복잡한 연산망으로 이뤄져 있어, 설계자조차 결과를 해석하거나 오류의 원인을 분명히 밝혀내기 어렵다.

둘째, AI는 환경에 따라 학습하며 행동 방식을 스스로 바꾸기 때문에 책임을 명확히 묻기 어렵다. 이렇게 변화된 AI의 행동은 설계자의 초기 의도나 예측을 벗어나는 경우가 많다. 결과적으로 AI의 행위는 인간의 통제와 예측 범위를 벗어나게 되고, 이는 책임을 묻기 위한 핵심 조건인 통제 가능성과 예측 가능성을 약화시킨다.

셋째, 오류의 불가피성도 책임 격차를 발생시키는 주요 원인이다. 예컨대 강화 학습이나 유전 알고리즘처럼 스스로 해법을 찾아가는 시스템은 학습 과정에서 수많은 시행착오를 겪게 된다. 이런 오류는 단순한 실수라기보다는 학습의 일부이며, 오히려 시스템의 개선에 필수적인 과정이다. 그러나 우리의 기존 법과 윤리 체계는 '오류가 있다면 누군가는 잘못한 것'이라는 전제를 가지고 있기 때문에, 이와 같은 학습형 오류는 기존의 책임 구조로는 잘 설명되지 않는 회색지대를 만든다.

넷째, 실시간 감독의 한계도 존재한다. 자율주행차, 의료 진단 AI, 무인 탐사 로봇 등은 인간이 직접 개입하거나 즉각적으로 통제할 수 없는 속도와 복잡성을 지닌다. 이런 경우 사고가 발생해도 인간은 사전에 이를 막을 수 없었기 때문에, '통제하지 못한 행위에 대한 책임'을 묻는 것이 부당해진다. 이러한 맥락에서 '책임 격차' 문제는 곧 '시간 격차'의 문제로도 이어진다. 자율적인 AI 기계가 사고를 일으킬 때, 그 과정이 순식간에 이루어져 인간이 개입할 여유조차 없는 경우, 사고를 예방하거나 통제할 수 없게 된다(최문기, 2021). 그 결과 인간과 기계 간 '책임 귀속' 딜레마가 발생할 수 있다는 것이다.

이와 같이 '책임 격차'란, 인간이 설계하고 만든 기술이 어느 순간 인간의 통제를 넘어서는 지점에서 발생하는 도덕적 · 법적 공백의 구조적 현상으로 볼 수 있다. 이러한 맥락에서, AI의 책임에 대한 문제는 도덕적 행위자의 범위와 인간 책임의 개념 자체를 재정의해야 하는 과제로도 이어진다.

자율주행 자동차의 윤리적 쟁점

2018년 미국 애리조나주에서는 우버 자율주행차가 보행자를 치어 사망에 이르게 한 사건이 있었다. 이 비극적인 결과에 대해 누가 책임을 져야 할까? 그러나 이 사건의 책임이 누구에게 있는지를 명확히 규정하기란 쉽지 않다. 소프트웨어 개발자, 차량을 제공한 우버, 보행자, 자동차 회사의 경영진, 심지어 도로 안전을 관리하는 규제 기관까지 여러 주체가 관련되어 있기 때문이다(Coeckelbergh, 2023). 이처럼 자율주행 자동차는 이미 기술적으로 상용화가 가능한 단계에 이르렀지만, 실제 도입을 가로막는 가장 큰 장애물 중 하나는 사고 발생 시

누구에게 책임을 물어야 하는지를 둘러싼 법적 · 도덕적 논쟁이다(목광수, 2019).

자율주행 자동차가 직면하는 윤리적 문제를 설명하기 위해, 고전적인 '트롤리 딜레마(Trolley Dilemma)'를 변형한 사고 실험인 '터널 딜레마(Tunnel Dilemma)'를 살펴볼 수 있다. 이 실험은 자율주행차가 피할 수 없는 충돌 상황에서, 알고리즘이 누구의 생명을 우선해야 하는지를 결정해야 하는 상황을 제시한다. 예를 들어, 보행자 한 명을 희생시켜 다수의 탑승객을 구할 것인지, 혹은 탑승객을 희생해 보행자의 생명을 지킬 것인지를 결정해야 하는 상황이다(변순용 · 이연희, 2020). 그러나 이러한 사고 실험은 실제 자율주행 시스템이 처하는 현실적 상황을 충분히 반영하지 못한다는 한계가 있다. 자율주행 기술의 목적은 윤리적 선택의 문제가 아니라 사고의 예방과 위험 최소화에 있으며, 차량은 가능한 모든 경로와 변수를 계산하여 충돌을 회피하도록 설계되어 있기 때문이다. 즉, 인간이 경험하는 극단적 도덕 딜레마처럼 어느 한쪽의 희생을 반드시 선택해야 하는 상황은 기술적으로 거의 발생하지 않는다. 또한 자율주행차는 스스로 목적을 세우거나 도덕적 판단을 내리는 존재가 아니라, 설계된 알고리즘에 따라 확률적 계산을 수행하는 체계이므로 그 판단을 도덕적 행위로 간주하기 어렵다. 따라서 트롤리나 터널 딜레마는 자율주행의 윤리 문제를 단순화하여 제시할 뿐, 실제 기술적 조건과 사회적 책임의 구조를 설명하기에는 한계가 있다(Zhan & Wan, 2024).

자율주행차와 같은 AI 기반 시스템이 사회에 본격적으로 도입되는 과정에서 발생하는 책임의 소재, 윤리적 판단의 기준, 법적 정당성 등에 관한 논의는 여전히 복잡하고 해결되지 않은 채로 남아 있다. 기존의 윤리학은 인간이나 동물처럼 자연적으로 존재하는 대상을 중심으로 발전해 왔지만, 자율주행차처럼 인간이 설계한 인공적 존재는 그 틀에 잘 들어맞지 않기 때문이다(목광수, 2019). 이처럼 AI 기술이 제기하는 문제는 윤리적 논의가 전제하고 있는 이론적 기반과 판단의 틀 자체를 근본적으로 다시 점검할 것을 요구하고 있다.

자율 무기 시스템의 윤리적 쟁점

인공지능 시대를 맞아 일자리의 위협, 인간과 기계의 새로운 관계 모색, 포스트 자본주의 등이 논의되고 있지만, 긴급한 논의가 필요한 분야 중 하나는 바로 3차 군사 혁명이다. 1차 군사 혁명이 화학에, 2차 군사 혁명이 핵무기에 의존했다면, 3차 군사 혁명은 치명적 자율 무기 시스템(lethal autonomous weapon system: LAWS)에 달려있다(천현득, 2019).

이러한 자율 무기 시스템, 즉 군사 로봇에 대한 윤리적 문제에 대한 우려가 커지고 있다. 2018년에는 일부 저명 학자들이 국내 연구진이 개발 중이라는 '자율적 공격 무기'와의 공동 연구를 거부하는 사례가 있었고, 같은 해 미국 실리콘밸리의 엔지니어들이 대규모로 항의하며 자신들이 개발한 인공지능 기술의 군사적 전용을 반대함으로써, 영상 인식을 통해 표적을 지정하는 국방부 프로젝트에서 철수하는 일이 벌어졌다. 그럼에도 AI가 무기 체계에 적용되는 흐름을 막기란 현실적으로 쉽지 않다. 국제 질서에서 AI의 전략적 가치는 핵무기와 견줄 만큼 중요하게 여겨지며, 이에 맞서 중국은 2030년을 목표로 세계적인 AI 강국을 지향하고 군·민 협력을 강화하는 연구 개발 정책을 추진하고 있기 때문이다(김진형, 2020).

이러한 군사 로봇에 관한 윤리적 쟁점으로 대두되는 것은 '책임'의 문제일 것이다. 자율적 군사 로봇이 일으키는 나쁜 결과에 대해서는 누가, 어떤 방식으로, 얼마만큼의 책임을 질 것인가?(천현득, 2019: 129) 이러한 문제는 자율 무기 체계가 인간의 직접적 개입 없이 독립적으로 판단하고 행위할 수 있다는 점에서 발생한다. 군사 로봇이 스스로 목표를 식별하고 공격을 수행하는 상황에서 비인도적 결과가 초래될 경우, 그 책임의 주체를 명확히 규정하기 어렵기 때문이다.

자율 무기 체계는 인간의 감정과 윤리적 판단을 배제한 채 생사 결정을 수행한다는 점에서도 문제를 안고 있다. 인간 병사는 항복 신호나 민간인의 존재를 인식해 공격을 중단할 수 있지만, 인공지능은 이러한 도덕적 고려를 수행하지 못한다. 그 결과 전쟁의 윤리적 통제 원리가 약화되고, 인간 존엄성의 침해 가능성이 발생한다(Kahn, 2022). 더 나아가 국제 인도법은 '의도'와 '책임 능력'을 전제로 하는 규범 체계이므로, AI가 초래한 결과를 기존의 법적 틀로 처리하기 어렵다. 이에 따라 전투 중 발생한 피해에 대한 책임이 인간과 기계 사이의 회색지대에 머무는 구조적 문제가 나타난다(Anderson & Waxman, 2013). 이러한 문제에 대응하기 위해 국제사회는 '의미 있는 인간 통제(meaningful human control)'의 원칙을 논의하고 있다. 이는 자율 무기의 최종 결정 과정에 인간이 개입할 수 있도록 설계함으로써, 책임의 주체를 인간에게 유지하려는 제도적 장치다(Santoni de Sio & van den Hoven, 2018). 그러나 기술의 발전 속도에 비해, 이를 통제할 수 있는 규범과 제도는 아직 충분히 마련되지 않아, 실제 전장에서 효과적으로 적용하기는 어려운 실정이다.

이처럼 책임 주체가 불분명한 상태에서 자율 무기의 사용이 확산되면, 오작동이나 비인도적인 피해가 발생하더라도 도덕적 · 법적 책임을 누구에게 물어야 할지 판단하기 어려워진다. 따라서 자율 무기 체계의 개발과 운용에서는 인간의 생명 보호와 전쟁 규범 유지를 위한 책임 체계를 마련하는 일이 핵심 과제로 다뤄져야 할 것이다.

참고문헌

고인석(2019). "자율주행자동차를 어떻게 규율할 것인가". 이중원 외, 《인공지능의 윤리학》, 20~60쪽. 한울엠플러스.

김진형(2020). 《AI 최강의 수업》. 매일경제신문사.

목광수(2019). "도덕의 구조: 인공지능 시대 도덕 논의의 출발점". 《철학사상》, 163~195쪽.

변순용·이연희(2020). 《인공지능 윤리하다》. 어문학사.

천현득(2019). "군사로봇의 윤리". 이중원 외, 《인공지능의 윤리학》, 98~130쪽. 한울엠플러스.

최문기(2021). "자율 AI 책임에 관한 비판적 연구". 《윤리연구》, 23~45쪽.

Anderson, K. & Waxman, M. C.(2013). Law and Ethics for Autonomous Weapon Systems: Why a Ban Won't Work and

How the Laws of War Can. Columbia Public Law Research Paper, 13~351.

Coeckelbergh, M.(2020). *AI Ethics*, MIT Press. 신상규·석기용 옮김(2023). 《AI 윤리에 대한 모든 것》. 아카넷.

Kahn, L.(2022). Lethal autonomous weapon systems and respect for human dignity. *Frontiers in Big Data, 5*, pp.1~7.

Matthias, A.(2004). The responsibility gap: Ascribing responsibility for the actions of learning automata. *Ethics and Information Technology, 6*(3), pp.175~183.

Santoni de Sio, F. & van den Hoven, J.(2018). Meaningful human control over autonomous systems: A philosophical account. *Frontiers in Robotics and AI, 5*, 15.

Zhan, H., & Wan, D.(2024). Ethical Considerations of the Trolley Problem in Autonomous Driving: A Philosophical and Technological Analysis. *World Electric Vehicle Journal, 15*(9), 404.

09
초등학생이 알아야 할 AI 윤리 원칙

AI 시대를 살아가는 초등학생들도 알아야 할 윤리 원칙은 무엇일까?
AI의 결정은 기술 요소와 설계자의 가치 판단 등이 복합적으로 얽혀 있기 때문에 AI의 개발과 활용 과정에서 지켜야 할 윤리적 기준이 필요하다. 이에 AI 윤리 5대 원칙을 중심으로, 초등학생의 눈높이에서 이러한 원칙을 어떻게 소개하고 교육할 수 있을지를 살펴본다.

AI와 기자?

AI의 윤리 원칙의 필요성

인공물을 도덕적 행위의 대상으로 연장하는 것은 다양한 문제를 야기할 수 있다. 예컨대 'AI가 파괴적이거나 비도덕적인 행동을 했을 때 책임의 주체는 누가 되어야 하는가?', 'AI에게 적용될 수 있는 보편적인 원리, 규칙 등은 어떻게 제정할 것인가?' 등의 새로운 문제들이 발생할 수 있기 때문이다. 또한 AI의 결정은 단일한 주체가 아닌, 여러 기술 요소와 설계자의 가치 판단이 복합적으로 얽혀 있기 때문에, 도덕적 판단 능력을 갖춘 AI를 구현하려면 공학적 설계뿐 아니라 윤리적 · 법적 관점까지 함께 고려되어야 한다. 이를 위해서는 AI의 설계 가능성과 사회적 영향, 그리고 그 한계에 대한 전문가 간의 지속적인 논의와 협의가 필요하다.

이러한 문제의식에 따라 국제기구와 주요 기술 기관들은 인공지능의 개발과 활용 과정에서 지켜야 할 윤리적 기준을 마련해 왔다. 유네스코, OECD, EU 등을 중심으로 책임성, 공정성, 투명성, 인간중심성 등을 핵심 가치로 삼은 AI 윤리 원칙과 가이드라인이 제시되고 있으며, 이는 각국의 정책과 산업 표준 형성에도 중요한 기준으로 작용하고 있다.

AI 윤리 5대 원칙

AI 기술의 사회적 책임성과 윤리적 정당성에 주목해 온 루치아노 플로리디(Luciano Floridi)와 조슈아 카울스(Joshua Cowls)는 6개의 단체에서 제시한 인공지능 관련 주요 문헌들을 검토하여 5개의 인공지능 원칙을 제시하였다. 이때 플로리디와 카울스(Floridi & Cowls, 2019)가 제시한 5개의 원칙은 보참(Beauchamp)과 칠드레스(Childress)가 1983년에 생명 윤리 분야에서 확립한 네 가지 기본 원칙(Beauchamp & Childress, 1983)에 기반을 두고 있다. 이러한 5대 원칙은 인공지능의 사회적 영향에 관한 유럽 최초의 글로벌 포럼인 'AI4People'에서 주요한 역할을 하였으며, 유럽의 인공지능 전문가 단체인 HLEGAI 또한 5개의 원칙을 '신뢰할 수 있는 인공지능을 위한 윤리 가이드라인'으로 채택하였다. 또한 경제협력개발기구(OECD)가 개발한 인공지능 위원회 권고안에도 영향을 미쳤다(Floridi & Cowls, 2019). 이들이 제시한 다섯 가지 원칙은 '선행의 원칙', '해악 금지의 원칙', '자율성의 원칙', '정의의 원칙', '설명 가능성의 원칙'으로, 인공지능 기술의 윤리적 사용을 지향하고 있다. 이러한 원칙들의 세부 내용은 다음과 같다.

첫째, '선행의 원칙'은 AI 시스템이 인간의 복지와 사회적 이익을 증진시킬 책임이 있다는 것을 강조한다. 예를 들어, AI는 의료 분야에서 진단의 정확성을 높이거나 치료 계획을 최적화함으로써 환자의 건강과 삶의 질을 향상시키기 위한 도덕적 판단을 내리고, 이를 바탕으로 행동해야 할 것이다.

둘째, '해악 금지의 원칙'은 AI가 인간에게 해를 끼치지 않도록 설계되고 사용되어야 함을 강조한다. 이는 AI 기술의 오용 또는 남용으로 인한 다양한 부정적인 결과에 대한 경고를 포함하는 것이라고 볼 수 있다. 가령, AI 기반의 자율 무기 시스템은 '해악 금지의 원칙'을 준수하여 무고한 사람들에게 해를 끼치지 않도록 설계되어야 한다.

셋째, '자율성의 원칙'은 인간 스스로의 의사 결정 권한과 인공적 행위자에게 위임하는 의사 결정 권한 사이의 균형을 맞추는 것을 의미한다. 즉, AI가 인간의 결정권을 존중하고, 인간이 언제든지 인공지능의 결정을 무효화하거나 수정할 수 있어야 함을 의미한다. 가령 자율주행 자동차의 경우 인공지능은 인간 운전자가 필요할 때 언제든지 차량을 제어할 수 있도록 해야 한다는 것이다. 이와 관련하여 인공지능 연구 및 개발에 대한 지침을 제시하는 아실로마르 문서(Asilomar Principles)에서는

"인간이 선택한 목표를 달성하기 위해 인공지능 시스템에 결정을 위임할지의 여부와, 구체적인 방법은 인간이 선택할 수 있어야 한다"라고 강조하며, 자율성의 원칙을 지지하고 있다(Floridi & Cowls, 2019).

넷째, '정의의 원칙'은 인공지능이 공정하게 행동하고, 인공지능 기술의 혜택이 널리 분배되어야 함을 강조한다. 즉, 인공지능은 그 기술의 혜택을 누구나 평등하게 접근할 수 있도록 해야 하며, AI가 도덕적 판단을 통해 사회적 불평등을 줄이는 데 기여할 수 있어야 한다는 것이다. 오늘날 국내외 기업, 종교계, 정부 등에서 강조하는 인공지능 관련 윤리적 원칙들에서도 '공정성'이 강조되고 있는데, 이는 인공지능에 의한 차별이 심각한 사회문제로 대두될 수 있다는 인공지능 · 데이터 전문가들의 우려를 보여 주는 것이라고 할 수 있다(한찬희, 2020).

다섯째, '설명 가능성의 원칙'은 AI의 작동 원리와 결정 과정을 이해하고 설명할 수 있도록 하는 새로운 원칙으로, AI가 투명하고 설명 가능한 방식으로 작동해야 함을 의미한다. 인공지능의 경우, 딥러닝을 통해 받아들인 데이터에서 패턴을 찾아내 연결망 사이의 연결 강도를 변화시키는데, 이러한 학습을 거쳐 나온 최종 출력에 대해서는 딥러닝 설계자조차도 어떻게 그러한 결과가 나왔는지 알 수 없다(김효은, 2020: 29). 즉 딥러닝이라는 기계 학습의 원리는 알 수 있어도, 인공지능이 어떠한 절차를 통해 특정한 판단과 행동을 출력하였는지 알 수 없다는 것이다. 이는 정보 처리의 기준과 과정을 알 수 없다는 것뿐만 아니라 수행의 결과가 법적·도덕적으로 잘못되거나 오류가 발생하였을 때 그 책임 소재를 밝힐 수 없다는 점에서도 문제가 된다. 따라서 인공지능의 윤리적인 활용을 위해서는 인공지능의 설명 가능성, 즉 투명성이 요청된다.

이와 같은 다섯 가지 원칙은 AI가 인간의 가치와 책임의 요구를 반영해 설계·운영되도록 하는 기준을 제공하며, 인공지능 기술이 바람직한 방향으로 발전할 수 있도록 하는 방향타의 역할을 한다.

초등 도덕과 AI 윤리 교육의 실제

초등 도덕과에서 AI 윤리를 교육하기 위해 고려해야 할 사항들은 다음과 같다. 첫째, AI에 대한 기초 교육이 이루어지지 않은 상태에서는 AI와의 바람직한 관계를 학습하기 어려우므로, 교사는 학생들이 AI에 대한 개념적 이해를 갖추도록 강조해야 한다. 이때 교사는 학생들에게 AI가 복잡한 결정을 내릴 수 있는 시스템으로 발전하고 있으며, 도덕적 의사 결정을 내릴 수 있는 주체로도 발전할 가능성이 있음을 제시할 수 있어야 한다.

둘째, 학생들이 AI와 관련된 윤리적 행위 원칙을 이해하도록 도울 필요가 있다. AI 시스템은 선행, 해악 금지, 자율성, 정의, 설명 가능성의 원칙을 반영해 설계·운영될 때, 사용자에게 신뢰와 안전을 제공하고 사회적으로 바람직한 기능을 수행할 수 있다. 따라서 수업에서는 학생들이 각 원칙의 의미와 적용 결과를 구체적으로 이해하도록, 생활 속 사례와 실제 활용 장면을 중심으로 설명할 필요가 있다. 예컨대, AI 비서가 아픈 친구에게 약을 챙겨주는 사례를 통해 선행의 원칙을 설명하거나, AI 장난감이 위험한 행동을 하지 않도록 설계된 예시를 해악 금지의 원칙과 연결할 수 있다. 실생활과 연관된 구체적인 예시를 통해 학생들은 AI 원칙을 쉽게 이해할 수 있으며, 이를 자신들의 일상생활에 적용하는 방법을 자연스럽게 학습할 수 있게 될 것이다.

이러한 과정을 통해 학생들은 AI 기술의 발전이 초래할 수 있는 윤리적 문제를 이해하고, 올바른 도덕 판단을 내릴 수 있는 능력을 함양하게 될 것이다. 이는 AI 기술을 책임감 있게 활용할 수 있는 기초를 마련하는 데 있어 의의를 지닌다.

참고문헌

권누리(2024). “초등 도덕과에서의 인공지능윤리교육 방안 연구: 인공적 도덕 행위자(AMA) 논의를 중심으로”. 《초등도덕교육》, 87~108쪽.

김효은(2022). 《인공지능과 윤리》. 커뮤니케이션북스.

한찬희(2020). “초등 도덕과를 통한 인공지능윤리교육 방안 모색”. 《초등도덕교육》, 229~253쪽.

Beauchamp, T. L. & Childress, J. F.(1983). *Principles of Biomedical Ethics*. Oxford University Press.

Floridi, L. & Cowls, J.(2019). A Unified Framework of Five Principles for AI in Society. *Harvard Data Science Review, 1*(1).

10
초등 AI 윤리 교육 프로그램

초등학교 도덕 수업에서 활용할 수 있는 AI 윤리교육 프로그램들을 소개한다. 'Teachable Machine 활동'에서는 데이터 편향이 AI 판단에 미치는 영향을 실험하며, 공정한 데이터 활용의 중요성을 배운다. '윤리 매트릭스 활동'에서는 다양한 이해관계자의 관점을 고려해 기술의 가치 충돌을 살펴보고, '퓨처비 챌린지'를 통해 책임 있는 디지털 시민의 역할을 익힌다.

AI와 미래 의사?

Teacheable Machine

Teachable Machine은 구글이 개발한 온라인 플랫폼으로, 학습자가 AI의 핵심 개념 중 하나인 기계 학습(Machine Learning)을 손쉽게 체험할 수 있도록 설계되었다. 이 사이트는 복잡한 코드나 프로그래밍 지식 없이도 사용자가 직접 데이터를 입력하고, AI 모델을 학습시키며, 그 결과를 실생활에 적용해 볼 수 있도록 구성되어 있어 교육 현장에서 유용하게 활용될 수 있다(권누리, 2024). 학생들은 이 프로그램을 통해 '데이터 수집 → 학습시키기 → 결과 내보내기'라는 3단계 절차를 직접 수행하면서, 데이터의 의미와 구조, AI가 어떻게 데이터를 분류하고 판단하는지에 대한 개념을 경험적으로 습득할 수 있다(이승미 · 전석주, 2021).

첫 번째 단계인 '데이터 수집'은 학생들이 직접 이미지, 음성, 포즈 등 다양한 데이터를 입력하는 과정이다. 이는 AI 학습의 출발점이자 가장 기본적인 절차로, 어떤 데이터를 어떻게 수집하느냐에 따라 학습 결과가 달라질 수 있다는 점에서 중요한 의미를 지닌다. 두 번째 단계는 '학습시키기'로, 수집된 데이터를 바탕으로 AI가 스스로 패턴을 찾아 학습을 진행하는 과정이다. 이 단계에서는 간단한 클릭만으로 모델 훈련이 가능하며, 복잡한 프로그래밍 없이도 기계 학습의 핵심 개념을 체험할 수 있다. 마지막 단계는 '내보내기'다. 'Preview' 기능을 활용해 학습 결과를 실시간으로 확인할 수 있으며, 학습된 모델을 웹사이트나 앱에 적용할 수 있도록 다양한 형식으로 내보낼 수 있다. 이러한 과정을 통해 학생들은 AI가 어떻게 데이터를 인식하고 판단을 수행하는지, 그리고 그 결과를 실생활에 어떻게 활용할 수 있는지를 자연스럽게 익힐 수 있다.

이러한 Teachable Machine은 초등 도덕과의 AI 윤리 수업에서 'AI 편향성' 주제를 다루는 데 효과적인 도구로 활용될 수 있다. 예를 들어, 학생들이 특정 인물이나 사물의 사진을 수집하고 이를 기반으로 AI 모델을 훈련시키는 활동을 통해, 데이터 편향이 어떻게 왜곡된 결과로 이어질 수 있는지를 직접 실험해 볼 수 있다. 데이터가 특정 집단에 치우친 경우, AI가 그 집단은 더 잘 인식하면서 다른 집단에 대해서는 오류를 범하는 현상을 즉각적으로 관찰할 수 있기 때문이다. 이러한 경험을 통해 학생들은 AI의 판단이 입력된 데이터에 크게 의존한다는 점을 이해하고, 편향을 줄이기 위해 다양한 데이터를 공정하게 수집하고 활용하는 것이 중요하다는 것을 자연스럽게 깨달을 수 있다. 이와 관련된 실제 교수·학습 활동의 사례는 다음과 같다(권누리, 2024).

① 도입: 편향된 인공지능 시스템이 사회에 미치는 실제 사례 제시하기.

② 활동 1: 특정 인종이나 성별에 따라 편향된 데이터를 사용한 인공지능 모델의 사례를 통해, 데이터 편향이 인공지능의 윤리적 문제로 이어질 수 있음을 확인하기.

③ 활동 2: Teachable Machine을 사용하여 특정 그룹의 데이터만으로 모델을 훈련시켜 편향된 결과가 나오는지 실험해 보기.

④ 활동 3: 편향성을 줄이기 위해 다양한 그룹의 데이터를 수집하여 다시 훈련시키고, 인공지능의 공정성, 포괄성 등 가치 원리를 적용하여 그 결과 평가해 보기.

⑤ 정리 및 평가: 실생활에서 인공지능 편향성을 줄이기 위한 윤리적 데이터 수집과 활용 방안 정리하기.

좀 더 자세히 살펴보면 ① 도입 단계에서는 교사가 AI의 편향이 사회에 실질적인 영향을 미친 사례를 제시하며 수업의 문제의식을 환기시킨다. 예컨대 얼굴 인식 기술이 아시아인이나 흑인보다 백인을 더 정확히 인식한다는 연구 결과나 구글 포토가 흑인 사용자를 '고릴라'로 잘못 분류한 사례를 통해, AI의 편향이 단순한 기술적 문제가 아닌 인권과 차별의 문제로 이어질 수 있음을 강조한다. 이를 통해 학생들은 "왜 AI 윤리가 필요한가?"에 대한 질문을 자연스럽게 떠올리게 된다.

② 앞서 제시된 사례의 원인을 분석하는 시간을 갖는다. 교사는 AI가 스스로 편향된 판단을 내리는 것이 아니라, 편향된 데이터를 학습했기 때문에 그런 결과가 나왔다는 점을 설명한다. 예컨대 얼굴 인식 AI가 백인의 이미지만 충분히 학습하고 흑인의 이미지는 거의 학습하지 못했다면, 결과적으로 흑인을 잘 인식하지 못하게 된다는 원리를 알려준다. 이를 통해 학생들은 AI의 윤리 문제는 단지 기술의 문제가 아니라, 우리가 제공하는 데이터의 구성 방식과 밀접하게 연결되어 있다는 사실을 이해하게 된다.

③ 두 번째 활동에서는 Teachable Machine을 활용한 실습을 진행한다. 학생들은 특정 성별이나 인종의 사진만을 수집하여 AI 모델을 학습시켜 보고, 이후 다른 성별이나 인종에 대해서는 인식이 부정확하거나 오류가 발생하는 현상을 관찰한다. 이러한 실험을 통해 학생들은 AI가 학습한 데이터의 구성에 따라 편향된 판단을 내릴 수 있다는 점을 체험적으로 이해하게 된다.

④ 세 번째 활동은 '다양한 데이터를 수집하여 편향성 줄이기'다. 앞선 실험에서의 편향 문제를 해결하기 위해,

학생들은 다양한 인종과 성별의 데이터를 고르게 수집하고, 이를 바탕으로 AI 모델을 다시 훈련시킨다. 이 과정을 통해 학생들은 AI가 특정 집단에 치우치지 않고 공정하게 작동하려면 학습 데이터 선정 과정에서의 윤리적 고려가 필수적임을 배운다.

⑤ 마무리 단계에서는 학생들이 앞선 활동에서의 경험을 바탕으로, 실생활에서 AI의 편향성을 줄이기 위한 데이터 수집 및 활용 방안에 대해 함께 정리하고 토론한다.

이러한 활동은 학생들이 실제 데이터를 수집하고 AI 모델을 훈련시키는 과정을 통해 편향이 발생하는 원인과 그 영향을 직접 체험할 수 있다는 데 의의가 있다. 더 나아가, 편향 문제를 스스로 인식하고 개선해 보는 활동은 학생들로 하여금 윤리적 데이터 활용의 중요성을 내면화하게 하며, 미래 사회의 책임 있는 디지털 시민으로서 갖추어야 할 비판적 사고력과 도덕적 민감성을 기르는 데 도움이 될 수 있다(권누리, 2024).

윤리 매트릭스 활동

AI 기술의 확산과 함께, 그 편향성과 공정성 문제는 윤리적 차원에서 점점 더 중요하게 다뤄지고 있다. MIT 미디어랩에서 개발한 《모두를 위한 인공지능 윤리》는 이러한 문제의식을 초·중등 교육 현장에 적용하고자 한 시도로, 학생들이 AI의 기술적 메커니즘뿐 아니라 그 이면에 내재된 사회적·정치적 함의를 비판적으로 성찰할 수 있도록 설계된 교수 학습 자료다. 특히 교재의 '윤리 매트릭스(Ethics Matrix)' 활동은 AI가 중립적인 기술이 아니라는 점을 이해하고, 다양한 이해관계자의 관점을 반영한 가치 판단이 AI 설계 및 활용 과정에서 필요하다는 점을 강조한다.

이 활동에서는 학생들이 알고리즘 설계에 있어 '누구를 위한 기술인가'라는 질문을 중심으로 다양한 관점을 고려할 수 있도록 돕는다. 먼저, 알고리즘은 그것을 사용하는 이해관계자에 따라 목표가 달라질 수 있으며, 특정 집단에게는 유용한 결과를 낼 수 있지만 다른 집단에는 오히려 불리하게 작용할 수 있다는 점을 학습한다. 이어서, 다양한 이해관계자의 입장을 비교하거나, 영향력이 큰 특정 집단을 우선 고려해 알고리즘을 설계하는 방식에 대해서도 생각해 본다. 마지막으로, 특정 대상에 맞춘 맞춤형 알고리즘 개발이 왜 필요하며, 그것이 공정성과 윤리성과 어떤 관련이 있는지를 탐색하게 된다(Payne, 2019/2019).

'윤리 매트릭스'를 활용한 도덕 수업의 적용 방안은 다음과 같이 구성할 수 있다. 먼저, 특정한 사회적 이슈(예: AI 기반 의사 결정 시스템)를 선정한 후, 관련된 이해관계자(예: 사용자, 개발자, 기업, 정부 등)를 도출한다. 이후 학생들은 각각의 이해관계자 관점에서 윤리적 가치(예: 정의, 자유, 안전, 효율성 등)를 어떻게 평가할 수 있는지를 표 형식으로 정리해 본다. 이러한 과정을 통해 학생들은 AI 기술을 정확성이나 효율성만으로 판단해서는 안 되며, 그 기술이 사회 전반에 미치는 윤리적 · 사회적 영향을 복합적으로 고려해야 함을 자연스럽게 이해할 수 있게 된다.

퓨처비 챌린지

퓨처비 챌린지(Future BEE Challenge)는 비영리 교육기관 퓨처랩(Future Lab)에서 주관하는 디지털 시민 교육 프로젝트로, 초 · 중등 학생들이 UN 지속 가능 발전 목표(SDGs)를 주제로 문제를 정의하고, 디지털 기술을 활용해 해결 방안을 탐색하도록 기획된 창의 융합형 교육 프로그램이다(김수환, 2025). 이 프로젝트는 기술 활용 역량뿐 아니라 사회 문제에 대한 비판적 사고, 윤리적 성찰, 협력적 문제 해결 능력을 함께 기를 수 있도록 설계되어 있으며, 교육 현장에서 손쉽게 적용할 수 있도록 다양한 활동 예시, 교사용 가이드북, 학생용 워크시트 등이 함께 제공된다.

퓨처비 챌린지의 특징은 누구나 쉽게 접근할 수 있도록 설계된 점이다. 별도의 프로그래밍 능력이 없더라도, 마이크로비트(Micro:bit), 센서, 웹 기반 앱 등을 활용해 일상적 문제를 창의적으로 해결해 볼 수 있는 다양한 과제가 준비되어 있다. 학생들은 문제 상황을 '탐색-기획-구현-공유'의 절차를 따라 탐구하고, 지역 사회 또는 지구적 차원의 문제 해결자로서의 역할을 경험하게 된다.

퓨처비 챌린지는 코딩 활동뿐만 아니라 기술의 사회적 의미를 비판적으로 성찰할 수 있도록 유도한다는 점에서 AI 윤리 교육과도 긴밀하게 연결될 수 있다. 특히 학생이 기술의 사용자가 아닌 문제 해결자이자 설계자로 참여하며, 디지털 격차 해소와 미래 사회 대응 역량 함양에 기여한다는 점에서 의의가 있다.

참고문헌

권누리(2024). "인공지능 동작 원리에 기초한 초등 도덕과 인공지능 윤리교육 방안 연구: 데이터 편향성 문제를 중심으로". 《초등교육연구》, 37(4), 1~25쪽.

김수환(2025). "AI 시대, 무엇을 가르쳐야 하는가". 박기현 외, 《디지털교육 트렌드리포트 2025》, 105~130쪽. 테크빌교육.

이승미·전석주(2021). "Teachable Machine을 활용한 인공지능 체험 프로그램이 초등학생의 인공지능 인식에 미치는 영향". 《정보교육학회논문지》, 25(4), 611~619쪽.

Payne, B. H.(2019). *An ethics of artificial intelligence curriculum for middle school students*. MIT Media Lab. 김한성 외 옮김(2019). 《모두를 위한 인공지능 윤리》. 한국교육학술정보원.

권누리

서울서래초등학교 교사다. 경인교육대학교를 졸업하고 서울대학교 윤리교육과에서 교육학 석사 및 박사학위를 취득하였다. 저서로는 《초등 도덕과 교재 연구 및 지도법》(공저, 2025)이 있으며, 주요 논문으로는 “인공지능 동작 원리에 기초한 초등 도덕과 인공지능 윤리교육 방안 연구: 데이터 편향성 문제를 중심으로”(2024), “초등 도덕과에서의 인공지능윤리교육 방안 연구: 인공적 도덕 행위자(AMA) 논의를 중심으로”(2024), “반두라의 자기규제 메커니즘에서 자기효능감의 기능과 도덕교육적 함의”(2025), “공감의 심리 기제에서 상상력의 기능과 도덕교육적 함의: 흄의 상상력 이론을 중심으로”(2024) 등이 있다.